KB155445

사람, 금융, 투자 이야기

인생
자산

사람, 금융, 투자 이야기

인생
자산

이연정CFA 글

은행원으로 36년,
내 안에 차곡차곡 쌓은 자산이 책이 되다

너무도 일찍 가난으로 인한 벽과 마주해야 했다. 언니들이 상급학교에 다니고 있었으므로 나도 당연히 중학교에 진학할 줄 알았다. 2년 만에 전주에서 다시 돌아온 고향 초등학교를 한 달이 넘도록 매일 눈물 바람으로 다니고 있던 어느 날 담임 선생님이 나를 따로 불러 말했다. "중학교 입학원서에 부모님 도장만 받아 오너라, 수업료는 내가 책임지마"

나를 고등학교에 진학시키고자 했던 중학교 담임 선생님의 갖은 노력에도 불구하고 나는 고등학교 입학시험조차 치를 수 없었다. 중학교 졸업식을 피해 전주에 살던 오빠 집에 갔다가 학업의 길을 찾아 서울로 오게 되었다. 교복이 입고 싶어 검정고시를 치르는 대신 장학금을 받을 수 있는 청산여자상업전수학교 야간부에 입학했고 튼튼한 돈 줄을 잡기 위해 은행원이 되었다.

신입행원으로 첫 지점에서 만난 지점장은 '은행의 경쟁력은 직원을 얼마나 잘 활용하느냐에 달렸다'고 했고 매일 아침 '우리는 자랑스런 경제의 일꾼'으로 시작하는 행가를 부른 후 업무를 시작하도록 했다. 은행원을 나의 천직이라고 생각했고 평생 다니고 싶었다. 성실하고 착한 사람을 만나 같이 일하면서 안정적이고 평화롭게 사는 것이 나의 바람이었다.

은행원이 된 후 계속 마주해야 했던 학벌에 대한 편견을 극복할 자신이 없어 대학에 들어가게 되었다. 남자 직원과 같은 시험을 치르고 은행원이 되었지만 여행원이 아닌 행원이 되려면 5년을 근무한 후 '행원 전환 시험'을 통과해야 했다. 하지만 이는 남자 직원과 같은 월급을 받을 수 있다는 것만을 의미했다. 스물다섯 살 가을, 전환 시험에 통과하고 대학 졸업을 한 학기만 남겨놓고 있었을 때 거대한 돈의 위력 앞에서 나의 노력은 전혀 의미가 없었고 나의 자존감은 산산이 부서졌다.

심한 좌절감에 빠져 매일 죽고 싶었다. 하지만 나는 살기로 했고 영어공부를 새롭게 시작하며 새로운 꿈을 꾸기 시작했다. 공부를 하지 않으면 깊이를 알 수 없는 수렁에 빠져버릴 것만 같았다. '상록수'와 'I have a dream (나는 꿈이 있어요)'을 주문처럼 듣고 불렀다. 공부를 하며 꿈을 붙들고 있는 것만이 내가 살 수 있는 길이었다.

투자의 종잣돈을 마련하기 위해 새는 돈을 철저히 막듯이 자투리 시간을 허투루 보내지 않았다. 월급은 늘 받자마자 흔적도 없이 사라졌기에 나의 역량을 키워 높은 연봉을 받을 수 있는 사람이 되는 것이 나의 자산을 키울 수 있는 유일한 방법이라 생각했다. 주어진 시간을 낭비하지 않고 내가 가진 재능을 최대한 발전시키는데 쓰는 것이 나의 자산 증식 방식이었다
.

하지만 내 안에 쌓이는 자산은 다른 사람들 눈에는 잘 보이지 않았기에 가까운 사람들에게서조차 '허황된 꿈을 꾸며 쓸데없는 일을 하는 사람'이라는 이야기를 들을 때가 많았다. 내가 보유한 금융 자격증 등 공부 이력으로 인해 나와 함께 근무한 적도 없는 사람들로부터 '일은 안 하고 공부만 좋아하는 사람'이라는 오해도 많이 받았다. 하지만 오해를 받고 불합리한 상황을 겪을수록 꿈이 늘어갔고 그러한 꿈들은 내 삶의 또 다른 원동력이 되었다.

은행은 무형의 상품을 취급하는 신용(信用)기관이다. 믿음을 바탕으로 보이지 않는 상품을 거래하기에 금융회사의 신용도 못지않게 무형의 상품을 전달하는 사람의 신용 또한 중요하다. 무형의 금융상품을 전달하는 사람이 어떠하냐에 따라서 고객 입장에서 받아들이는 금융상품의 가치가 달라질 수 있다고 믿었기에 최고의 금융 전문가가 되어 최상의 금융 서비스를 전달하고 싶었다.

하지만 전혀 예상하지 못했던 상황이 닥치게 되었고 외로움과 고통 속에서 눈물을 흘리게 되었다. 비록 꿈은 이루지 못했지만 긴 고통의 시간을 지나면서 오랫동안 잃어버리고 살았던 것들을 다시 찾을 수 있었다. 비로소 평범한 일상 속에서 기쁨과 행복을 누릴 수 있게 되었다. 돌아보니 모든 것이 합력하여 선을 이루는 과정이었다. 모두가 감사하다.

이 책은 내가 은행 생활을 하면서 만났던 수많은 고객들을 생각하며 개인 자산관리자(PB)로서 도움을 드리고 싶은 간절한 마음을 담았다. 금융을 이해하고 잘 활용하는데 조금이나마 도움이 되었으면 좋겠다.

2020년 여름날에
이   연 정

목차

1 장
보일 듯 말 듯한 희미한 불빛을 등대 삼아
캄캄한 바다를 헤쳐 나가다

2 장
은행원으로 36년
튼튼한 돈줄 절대로 놓을 수 없었다
그러다 은행은 내 꿈의 터전이 되었다

목차

목차

3 장
못난 소나무 PB의 금융교육 특강

1 장

보일 듯 말 듯한 희미한 불빛을
등대 삼아 캄캄한 바다를 헤쳐 나가다

머리 대신 다리를 먼저 내밀고 나온 아이, 평생을 달리다

나는 머리 대신 다리를 먼저 내밀며 세상에 나왔다고 한다. 당시 흔히 그렇듯 어머니도 집에서 출산을 했는데 너무 오랜 시간 진통을 겪으면서 내가 잘못되는 줄 알았다 한다. 동도 트기 전 이른 새벽 산파가 집 대문을 막 들어서는 순간 내가 세상에 나왔다고 한다. 어머니도 힘들었겠지만 아이는 또 얼마나 힘들었을까. 자칫하면 생명이 끊어질 수도 있는 상황에서 내가 얼마나 안간힘을 썼을까. 이는, 헤아릴 수 없는 눈물, 치열한 노력과 간절한 기도로 생의 다음 단계 문을 하나씩 통과해 왔던 내 삶의 서곡이지 않았나 싶다.

어머니는 죽을 고비를 넘기며 낳은 자식이 기대와는 달리 딸이라는 소리를 듣고 가슴이 무너져 내리는 느낌이었다고 한다. 성공한 아들을 두는 것이 무너져 있던 당신의 자존심을 세우고 서러운 삶을 보상받을 수 있는 유일한 길이라 생각했던 분이기에

15

그 상심은 더욱 컸던 듯하다.

어머니는 무당의 말을 온전히 믿었던 외할머니의 강요와 중매쟁이의 거짓말에 속아 아버지와 결혼했다고 한다. 외할머니는 단명할 사주를 타고난 당신의 딸이 재취 자리로 시집을 가야만 오래 살 수 있다는 점쟁이의 말을 그대로 믿고 따랐다고 한다. 중매쟁이의 터무니없는 거짓말을 지금 세상과는 달리 검증할 방법이 없었기에 아버지를 아이 하나 딸린 홀아비로 알았다고 한다. 어머니는 그래도 재취 자리가 너무 싫어 결혼을 앞두고 앓아누웠다고 한다. 아버지는 당시 면사무소에 다니는 공무원이었는데 병으로 첫 부인을 잃고 아이가 넷이나 되는 홀아비였다. 뒤늦게 크게 속았다는 사실을 안 외할머니는 어머니에게 당신이 세상을 뜨더라도 오지 말라는 말로 자신의 잘못된 선택에 대한 한스러움을 표현했다고 한다. 어머니도 한 때는 외할머니를 많이 원망했다고 했지만, 내가 기억하는 한 어머니는 효녀였다. 퇴근 후 피곤함도 잊은 채 외할머니가 좋아한다는 배와 굴을 싸서 우이동에서 고덕까지 두 시간 가까이 걸리는 길을 밤 버스를 타고 가곤 했으니까 말이다. 당시에는 요즘과는 달리 굴이 흔하지 않고 비쌌다.

어머니는 외갓집에서 결혼식을 치르고 몇 날을 보낸 후 아버지 집에 와서야 아이가 넷이라는 사실을 알았다고 한다. 집안 어른들의 새어머니께 인사하라는 소리에 네 명의 아이들이 줄줄이 방으로 들어와서 절을 했다고 한다. 다 쓰러져가는 방 하나 오두막

집에 당장 밥 지을 쌀도 없었다고 한다. 아버지는 총각 때 번 돈은 모두 선산의 길을 내는데 사용했고, 다른 형제들과는 달리 유산에도 별 관심이 없어서, 할아버지가 아버지 명의로 사 놓은 집조차도 제대로 챙기지 못했다고 한다. 게다가 큰 어머니 병치레를 하면서 많은 지출을 해서인지 그야말로 빈털터리가 된 상태로 어머니와 결혼했다고 한다.

그나마 바느질 솜씨가 좋았던 어머니가, 열심히 바느질로 돈을 벌어 일꾼을 고용해 농사를 지으면서 살림을 키웠다고 한다. 어머니의 첫아이는 아들이었고, 모든 희망을 걸었던 아들을 돌 무렵에 잃고 난 후 이젠 정말 도망을 가야겠다는 마음이었는데 언니가 생겨서 주저앉았다고 한다.

연거푸 딸 둘을 낳고 나를 가져서는 이번만큼은 정말 아들이기를 바라고 바랬다고 한다. 나를 가진 상태에서 바로 위 언니가 소아마비 진단을 받아 용한 곳을 찾아다니느라 더 힘든 기간을 보냈다고 한다. 다행히 언니는 무사히 회복되었지만 온갖 고생과 간절한 기다림 끝에 나온 아이가 딸이어서 내게는 눈길조차 주기 싫었다고 한다. 서로 이웃에 살았던 큰어머니와 작은어머니가 아이 얼굴이 궁금하지도 않냐며 한번 쳐다보기라도 하라고 했지만 어머니는 그저 서럽게 울기만 했다고 한다.

본능적으로 어머니의 그러한 마음을 감지해서인지 나는 어렸을 때부터 한 번도 어머니에게 떼를 써본 기억이 없다. 2학년 겨울에 큰오빠 결혼으로 잔치를 3일 동안 했다. 평소에는 구경도 하기 힘들던 맛있어 보이는 음식들이 가득했지만, 나는 달라는 소리도 못하고 끼니 때마다 동네 아주머니들이 챙겨주는 잔치국수만 먹었다.

특히 꼭 먹고 싶었던 색색의 찹쌀전을 잔치가 다 끝난 후 먹어 보니 이미 많이 딱딱해져 있는지라 정말 아쉬웠다. 다른 사람들에게 받는 사랑을 다 합쳐도 무한 사랑인 어머니 사랑의 빈자리를 다 채울 수 없었기 때문인지 나는 유독 외로움을 많이 느끼며 살아온 것 같다.

마음속 빈자리를 채우듯 공부와 일에 집중했다. 20 대 중반 절망 속에서 살아갈 힘을 얻기 위해 영어 공부를 새롭게 시작한 후 10년이 지나면서 특별한 기회를 많이 접할 수 있었다. 아들을 향했던 어머니의 기대가 내게로 옮겨졌다. 은행에서 여직원 최초로 해외 학술연수 대상자로 선발되었을 때 어머니가 마치 당신의 기원 덕분이라는 것처럼 말했다. "네가 세이레(생후 21일) 되었을 때 갑자기 열이 많이 나고 곧 죽을 것 같더라. 그래서 삼신할머니에게 잘못했다고 내가 빌고 또 빌었다. 다른 자식들과는 달리 너는 일곱 이레를 다 떡을 해서 차려줬다. 너 잘되고 복 많게 살라고 얼마나 열심히 빌었는지 모른다."

아들을 간절히 바랬는데 내가 태어났다는 소리는 여러 사람들로 부터 숱하게 들었다. 내 이름에 쓰는 한자는 남자 이름에 주로 쓰는 한자인데 남동생으로 이어지기를 바라는 마음을 담은 것이라 했다. 그럼에도 태어났을 때의 상황에 대해 세세하게 들으니 그때의 장면이 머릿속으로 그려지면서 슬픈 마음이 들었다. 그러면서도 한편으로는 어머니가 가여웠다. "엄마, 내가 잘 되어서 엄마 꼭 호강시켜줄게"했다.

하지만 결혼 전 몸과 마음이 매우 지쳐 있었을 때는 짐을 내려놓고 떠나고 싶은 마음이 너무 간절해서 학생운동으로 감옥에 가는 사람이 부러울 정도였다. 도둑, 사기, 강도 등의 범죄가 아닌 신념에 따라 살다가 감옥을 간 것이니까.

서른 살 무렵 나와 나란히 앉아서 일하던 은행 선배는 나를 보면 "굽은 나무가 선산 지킨다더니.. "라고 종종 말했다. 나중에 '못난 소나무가 선산을 지킨다'라는 속담이 있다는 것을 알고 '못난 소나무'가 숙명처럼 느껴졌다.

토질이 좋은 곳에서 수려하게 자란 소나무는
사람들이 재목으로 쓰기 위해 베어 가고
특이하고 예쁜 소나무는 분재 용으로 뽑혀가고

척박한 곳에 뿌리를 내리며 자라느라 못생겨서 누구도 거들떠보

지 않게 된 못난 소나무이지만 사람들에게 시원한 그늘이 되어
줄 수 있는 나무

등산의 기쁨은 정상에 올랐을 때 가장 크다.
그러나 나의 최상의 기쁨은 험악한 산을 기어올라가는 순간에 있다.

길이 험하면 험할수록 가슴이 뛴다.
인생에 있어서 모든 고난이 자취를 감췄을 때를 생각해 보라!
그 이상 삭막한 것이 없으리라.

– 니체 –

아들, 어머니의 끝없는 자랑, 아버지의 한없는 사랑

　세 살 터울로 남동생이 태어났다. 주위 어른들은 내가 많이 컸
을 때까지도 나를 보면 터를 잘 팔았다고 칭찬을 했다. 나는 칭찬
을 받으니 그저 좋았다.

　모내기 철에 논에서 놀다가 거머리에 다리가 물렸는데 "터 잘
팔았는데 거머리가 왜 나를 문다냐?" 하고 큰 소리를 쳐서 논에
서 일하던 어른들이 많이 웃었던 기억이 난다.

작은아버지가 역학을 조금 공부했는지 남동생이 태어나자 최소한 국회의원은 할 정도로 크게 될 아이가 태어났다는 말을 했다고 한다. 어머니 표현을 빌자면 "아들 낳았다고 온 동네가 둥둥 떴다"라고 했다. 어머니는 우리 형제들의 이름을 서울에 살던 이모를 통해 작명소에서 짓도록 했다. 그런데 유일하게 내 바로 아래 남동생 이름만은 당시 한의원을 했던 전주의 큰 당숙이 지었다고 한다. 당숙이 큰언니의 연애결혼에 대해 집안 망신이라며 어머니가 계모이기 때문이라고 했다는데 그런 당숙에게 아들의 사주를 보여주고 싶었구나 싶다. 그런데 당숙 댁의 큰언니도 얼마 안 있어 연애결혼을 했다 하니 엄격하기로 소문난 당숙도 자식의 사랑은 막을 수 없었나 보다.

아버지는 퇴근하면 늘 남동생과 함께했다. 아기였을 때는 늘 안고 다녔고, 자전거 앞에 태우다가, 세발자전거를 사주고 동생과 나란히 자전거를 타고 동네를 누비고 다녔다. 각종 장난감과 과자, 아기용 모기장, 원기소 등 이전까지는 산골 마을에서 구경조차도 할 수 없었던 것들을 사 왔다.

과자 중에는 막대사탕을 자주 사 왔는데 한 봉지에 열한 개가 들어 있었다. 아버지보다 늦게 집에 왔던 중학생 언니 몫은 아예 없고 내 바로 위 언니에게 한 개, 내게 한 개, 그리고 나머지는 봉투째 남동생에게 줬다. 그 때문인지는 몰라도 남동생은 우리 형제 중 유일하게 이가 매우 약하다.

동생이 네 다섯 살 정도 되었을 무렵 우리 집으로 들어오는 골목 입구 담벼락에 선거용 포스터가 붙여졌다. 아버지와 함께 오며 가며 후보자들의 이름을 많이 읽었는지 한글을 떼기 전이었는데도 동생 혼자서도 잘 읽었다. 어른들이 매우 흐뭇해했는데 동생 혼자서 또박 또박 이름을 읽는 소리를 들으며 어머니와 아버지는 먼 훗날 남동생의 사진과 이름이 새겨진 포스터를 상상하지 않았을까 싶다.

도시 엄마 따라잡기, 무작정 전주로 이사하다

공부를 잘했던 작은집 오빠는 어린 나이에 집을 떠나 순창 외가에서 학교를 다녔다. 우리 집 바로 앞집에 살던 친척 자녀들도 할머니와 함께 분가하여 전주에서 학교를 다니고 있었다. 어머니는 남동생이 시골 분교를 다니게 할 수는 없다고 했다.

남동생이 입학하게 되자 어머니는 전주로의 이사를 더 이상 지체해서는 안 된다고 생각했던 것 같다. 계속 전주로의 이사 이야기가 나왔다. 그런데, 아버지는 유독 고향 마을을 떠나는 것을 싫어했다. 임실 면장일 때 부면장이라도 좋으니 고향 청웅면으로 다시 보내달라고 했고 당시 고위 공무원이었던 집안 어른이 전주의 더 나은 자리를 제안했음에도 거절했다고 한다. 공무원 생활의 대부분을 청웅면 사무소에서 근무했다. 어머니는 아버지가 퇴직금을 받으면 전주역 앞에 방이 많은 집을 사서 하숙을 치를 거라고 했다. 그러자 전주로의 이사를 막고 싶었던 아버지는 퇴직금을 조기 수령하여 이자를 많이 주겠다는 부하 직원 두 명에게 줬다.

아버지가 그렇게까지 했음에도 불구하고 어머니는 결국 전주 태평동에 전셋집을 얻어 이사를 진행했다. 남동생이 1학년이고 내가 4학년 2학기가 되었을 때였다.

덜컹거리는 전주행 버스 속에서 멀미를 심하게 했다. 군청 소재지인 임실을 지나면서 생전 처음 기차를 봤다. 기진맥진한 상태로 전주 집에 도착했다. 어머니는 집에 들어오자마자 방 한가운데에 떡 시루와 요강을 놓고 두 손을 위아래로 비비며 복을 빌었다. 하숙을 치를 거라고 했는데 방이 두 개뿐인 집이었다. 그나마 방 하나가 매우 길어서 중간에 장롱을 놓고 장롱 뒤편에 벽지를 발라 방 하나를 늘렸다. 하지만, 하숙생을 구하지 못해 방 두 개는 세를 놓게 되었는데, 그렇게 세 든 사람들도 몇 달 살더니 다 나갔다.

시골 학교에서 도시 학교로 바로 전학하게 되면 수업을 제대로 못 따라갈 거라며 이듬해 새 학기에 동생은 1학년, 나는 4학년으로 다시 시작하라고 했다. 나와 동생은 모두 가을에 태어났음에도 한 살 일찍 입학을 했었기에 여유가 있었고, 내가 생각해도 학년을 다시 시작해야 될 것 같았다.

1970년대 자율형 초등학교, 옥석 분교

교장도 교감도 없는 산골 마을 분교는 교사의 자율성이 완전히 보장되는 학교였다. 좋은 담임 선생님들을 만난 바로 위 언니는 동시도 쓰고 한자도 많이 배운다고 했다. 특히 상급 학교에 진학하지 못하는 제자들이 세상을 살아가려면 신문은 읽을 수 있어야 한다며 한자를 많이 가르쳐 준다고 했다.

하지만 우리 학년은 하루 3교시만 있었던 수업마저도 제대로 이뤄지지 않았다. 언니는 나더러 "너는 선생님 복이 왜 그렇게 없다냐" 했다.

내 생애 첫 선생님은 윗 동네에 살았는데 술꾼으로도 유명한 사람이었다. 1학년 때는 교실이 모자라 2학년과 같은 교실을 썼는데 선생님들끼리 때론 엎치락뒤치락 싸움이 붙었다. 그럴 때면 서로의 담임 선생을 응원하다가 학생들끼리도 싸움이 되었다. 2학년 학생들이 우리 학년이 앞으로 교실에 못 들어오게 한다고 하면 나는 실제로 그렇게 할까 봐 속으로 겁이 났다.

2학년 때 담임 선생님은 칠판 가득 구구단을 써 놓고 아이들에게 큰 소리로 읽으라고 하고는 마을에 들어가 노름을 하다가 수업이 다 끝나는 시간에 맞춰 오곤 했다. 본인이 어렸을 때 구구단을 반복해서 열심히 외웠기 때문에 지금도 외우고 있는 것이라고 했다.

3학년 때 담임 선생님은 아예 정신이 온전치 못한 분이었다. 학교 뒷산이 불에 탈 뻔도 했고 기이한 행동을 많이 했다. 숙제 검사 때도 아무거나 내밀면 '검'자를 써 줬기에 숙제를 내도 제대로 해오는 아이들이 없었다. 어느 날은 '선생님이 공부 잘 가르치냐'는 사촌 언니의 물음에 아니라고 대답한 것이 선생님 귀에 들어간 것 같았다. 산수 시험을 본 후 학생들에게 나눠주고 채점하라고 했다. 한 번도 그러한 적이 없었기에 불길한 예감이 들었다. 내가 채점한 시험지는 네 개 맞춰서 16점이었는데 선생님은 시험지의 주인공인 반장이 16점을 받을 리가 없다며 내가 채점을 잘못한 것이라고 했다. 나에게 앞으로 나와 칠판에 손을 대고 엎드리라고 하고는 큰 몽둥이로 있는 힘껏 다섯 대를 때렸다. 나는 너무 아프고 억울했다. 자리에 들어와서 큰 소리로 울면서, 내가 틀린 소리 한 것도 아닌데 트집을 잡아 때린다며 중얼거렸다. 그러자 담임 선생님은 내 팔을 거칠게 잡더니 세차게 앞으로 끌어냈다. 이에 나는 책상과 함께 앞으로 엎어졌다. 더 이상 참을 수 없었던 나는 급기야 소리를 질렀다.
"우리 큰오빠한테 빌려 간 300원이나 먼저 내놔!"

예상치 못했던 반격에 담임 선생님이 깜짝 놀란 듯하더니 더 이상 때리지 않았고 바로 청소 시간이 되었다. 선생님은 계속 울고 있던 내게 다가오더니 절대 부모님께 이르면 안 된다고 신신 당부했다. 나는 집에 와서 모든 것을 일러바쳤다. 듣고 있던 큰오빠는 "내가 괜한 말을 흘려서 다음에 선생님 얼굴을 어떻게 본다냐" 했다. 어머니는 어린 것을 어떻게 그렇게 팰 수 있냐며 당장 내일 학교에 가서 따진다고 했다. 윗방에서 잠자코 듣고 있던 아버지가 "듣자 하니 연정이도 잘한 거 없는데, 가지 마" 해서 조용히 넘어갔다.

4학년 때는 오전 수업 3교시만 하고 학교 앞 냇가에 가는 날이 많았다. 남자아이들은 발가벗은 채로 위에서 멱을 감고 여자아이들은 아래에서 다슬기를 잡곤 했다. 잡은 다슬기는 모두 검정 고무신에 담아 선생님에게 주었다. 선생님은 때때로 도시락 반찬으로 싸온 다슬기 무침을 젓가락으로 들어 보여주며 "너희들이 잡은 거다" 하곤 했다.

크게 키워야 할 아들, 빨리 시집보내야 할 딸

이사 후 한 달이 채 되지 않았을 무렵 전주에 살던 작은 당숙이 이사 소식을 듣고 찾아왔다. 집에서 놀고 있던 나와 동생을 보고 저 애들은 왜 학교 안 가고 놀고 있냐고 물었다. 어머니가 바로 전학 시키면 수업을 못 따라갈 거라서 내년에 학년을 다시 시작할 거라고 했다. 그러자 당숙은 "형님 나이도 많은데 딸자식은 하루라도 빨리 시집보낼 생각을 해야지, 뭘 꿀리고 자시고 한답니까?" 했다.

이에 어머니는 이듬해 새 학년이 시작될 때 남동생은 1학년으로 다시 시작하게 하고 나는 5학년으로 전학시키는 것을 계획으로 잡았고, 나는 4학년 2학기를 건너뛴 채 5학년이 되었다. 하지만 나는 어떤 상황이 기다리고 있을지 예상조차 못 했고 새 학년이 시작될 때까지 걱정 없이 놀며 시간을 보냈다.

도시 초등학교로 전학,
학습 부진아에서 성적 우수상을 받기까지

전주에 있는 초등학교로 전학을 한 뒤, 학기 첫날 진단평가시험을 봤다. 풀 수 있는 문제가 하나도 없었다. 평균 34점을 받고, 왕따 취급을 받던 여자아이와 짝이 되었다. 그 아이는 쌍둥이로 남자아이는 다른 반에 있다고 했다. 내 짝이 왕따를 당한 이유는 지능이 많이 떨어진다는 이유도 있었지만 또 다른 이유가 있었다. 요즘은 아들딸 쌍둥이는 복받았다고 하는데 당시에는 아들과 함께 나온 딸이라서 재수가 없다는 것이었다.

한 학기를 건너 뛰었지만 다른 과목은 괜찮았다. 하지만 4학년 2학기 때 배우는 분수 셈을 전혀 배우지 않은 채로 5학년이 되어서 산수 수업은 따라가기가 처음에 무척 힘들었다. 참고서도 없어서 스스로 원리를 깨치게 되기까지 시간이 많이 걸렸다. 시험을 보면 틀린 개수대로 맞았는데 선생님은 우리가 발바닥으로 뛰어 노느라 공부를 안 했다며 의자의 등받이 구멍을 통해 의자에 발을 올리게 한 후 발바닥을 때렸다.

전과라고 불리던 두툼한 참고서가 정말 갖고 싶었지만 힘들어하는 어머니에게 차마 말을 꺼낼 수가 없었다. 참고서가 없으니 수업 시간에는 선생님 말씀을 한마디도 놓치지 않으려 애썼고 교과서를 다 외우다시피 했다.

어른이 되어 집을 정리하다가 5학년 때 받은 상장을 발견했다. 왼쪽 상단에 평균 95점이 쓰인 '9월 월례 고사 성적 우수상' 과 연말에 받은 '학술상'이었다. 당시 담임선생님 말로는 '종합 우수상'을 받은 아이들은 음악, 미술 등 다방면에서 잘한 것이고 '학술상'을 받은 아이들은 공부만 잘한 것이라고 했다. 상장들을 보며 울컥하는 마음이 들었다. 그래도 참 다행인 것은 그 당시에는 철이 들지 않아서였는지는 몰라도 슬프다는 생각을 전혀 하지 않았다.

아버지의 병환과 함께 극빈자 가정으로의 추락

아버지는 전주로 이사한 후 잠이 오지 않는다고 했다. 자식 사랑이 유별났던 아버지인지라 정년이 얼마 남지 않은 상황에서 자식 부양에 대한 압박감을 많이 느꼈던 듯하다. 설상가상으로 아버지가 전깃불도 들어오지 않는 면사무소로 발령을 받고 나선 계속 뜬눈으로 밤을 새운다고 했다. 결국 아버지는 병을 얻었고 더 이상 직장 생활을 할 수 없게 되었다. 퇴직금을 부하 직원들에게 주고 그나마 있던 돈은 전셋집 마련하는데 썼던 지라 당장 끼니를 걱정해야 하는 빈곤층으로 추락하고 말았다.

어느 날 어머니가 보험회사에 다니게 되었다고 했다. 나는 어머니가 취직한 사실이 너무 기뻐서 반 아이들에게 자랑을 했다.
"우리 엄마 보험회사 취직했다"
그런데 아이들은 "보험회사?" 하며 반응이 시큰둥했다.

내 기대도 잠시 어머니는 보험회사에 취직한 지 얼마 되지 않아 그만두고 말았다. 대신 큰 함지박에 우린 감을 담아 머리에 이고 이집 저집 다니며 팔기도 하고 학교 소풍도 따라가 판다고 했다.

갑자기 나락으로 떨어진 가정 형편의 나는 20원 했던 이름표 대금도 어머니에게 차마 돈 달라는 소리를 못해서 1년 내내 이름표를 달지 못하고 다녔다. 미술시간에 그림 도구는 가져갈 수 있없지만 다른 준비물을 가져오라고 하면 가져갈 수가 없었다. 그런데 당시 우리 반 미술시간은 색종이, 종이찰흙 등 다른 준비물을 가져가야 하는 때가 더 많았다. 그럴 땐 미술시간 내내 다른 아이들을 바라보며 물끄러미 앉아 있어야만 했다. 그래도 선생님이 내겐 아무런 말이 없었다.

세상의 축소판이었던 5학년 교실

당시 내가 다녔던 초등학교 5층에 있던 교실에서 우리 동네 쪽이 아닌 다른 동네를 바라보면 파란 기와가 얹어진 멋진 집들이 모여있는 것이 보였다. 그래서인지 우리 반 아이들 중에는 잘 사는 집 아이들이 많았다. 선생님을 유난히 자주 찾아오는 어머니가 있었는데, 그분이 다녀가고 난 후에는 선생님이 그 어머니는 자녀에 관심이 참 많다며, 부모님은 자녀에게 관심이 많아야 한다고 했다. 아이들에게 시험을 더 많이 보게 하라고 시험지를 사 왔다는 이야기를 들으며 왜 하필이면 시험지를 사 오는가 싶었다. 그런데 정작 그 어머니의 딸은 공부와는 거리가 먼 아이였다.

4교시가 끝나면 반 청소를 하고 점심시간이 이어졌다. 매일 청소 시간이 되면 반장 네 집 가정부가 따뜻한 밥, 국과 각종 반찬을 쟁반에 가득 담아 보자기로 싸서 들고 찾아왔다. 청소가 끝나면 선생님 책상 위에 점심상이 펼쳐졌다. 그러면 자연스럽게 선생님 책상 바로 앞에 앉았던 아이들은 다른 자리로 갔다. 반장과 반장의 단짝 아이가 밀려난 아이들의 책상에 걸터앉아 선생님과 점심을 같이 먹었다. 나는 그 장면을 보며 '차라리 반장과 반장의 단짝을 선생님 책상 바로 앞에 앉히지..' 하는 생각을 했었다. 반장은 늘 1등을 하던 얼굴이 하얗고 몸이 마른 말수가 적은 여자아이였는데 중학교였는지 고등학교였는지 기억이 나지 않으나 다른 학교 교장선생님의 막내딸이라고 했다. 반장의 단짝 친구는 가야금을 했다. 학기 초에 전교생이 모인 조회 시간에 교장선생님으로부터 상을 받은 후 스타가 된 것 같았다. 얼굴도 예뻐서 다른 반 선생님들까지 미스 코리아가 될 거라고 했다. 선생님들의 요청에 따라 우리 반 교실에서 연주를 한 적도 있었는데 쪽 찐 머리로 한복을 입고 연주하는 모습이 정말 예뻤다. 반장과는 말도 해 볼 수 없었지만 가야금 하는 아이는 레슨을 받으러 갈 때 같이 가자고 해서 몇 번 따라가기도 했었다. 레슨을 받는 집은 내 집에서 한참 먼 곳에 있었다. 저녁을 먹고 함께 전주천 길을 따라 꽤 걸어가야 했다. 나는 친구가 연주하는 모습을 부러운 마음으로 옆에 앉아 지켜보곤 했다.

당시 우리 학교는 급식 시범학교여서 네 분단 중 한 분단은 급식을 먹었다. 월 급식비가 당시로서는 꽤 비싼 600원이었기에 급식을 먹는 아이들은 거의 고정되어 있었다. 김이 모락 모락 나는 국과 반찬이 정말 맛있어 보였다. 특히 단팥죽은 생전 처음 보는 것이었다. 고향에서 먹던 팥죽은 팥을 모두 갈아서 만든 것이었는데 팥 알갱이가 그대로 살아있는 단팥죽은 보기만 해도 맛있을 것 같았다.

어느 날 선생님이 가정방문을 왔다. 어머니는 일을 나갔고 병환으로 눈이 퀭한 상태였던 아버지가 선생님을 맞이했다. 선생님은 집 안으로 들어오지 않고 대문에서 아버지와 몇 마디 나누고는 바로 돌아갔다. 이후 선생님은 내게 "네 아버지가 연세보다 참 젊으시더라"라는 말만 몇 번 했다. 어머니한테 그런 이야기를 하니 "선생님을 집안으로 모셨어야 하는데.." 했다. 시골에서 학교에 다닐 때는 음식 솜씨도 좋았던 어머니가 소풍날에는 언제나 정성을 다해 모든 선생님들의 점심을 쌌고 학년이 끝나면 선생님들을 모두 집으로 초대해서 저녁을 대접하곤 했었다.

어머니의 안내자 점쟁이, 물장사를 권하다

전주로 이사 가기 전 두 해에 걸쳐 연이어 집안에 안 좋은 일이 일어났다. 큰 올케와 어머니가 번갈아 큰 병치레를 했고 불이 나서 집이 다 탈 뻔도 했다. 그러자 어머니는 무당들을 불러 집에서 큰 굿을 몇 차례 하고 이후 무당집을 수시로 드나들게 되었다. 어머니 표현을 빌자면 '비단 솜같이 포근한 막내며느리' 덕분에 지금은 교회를 다니게 되었지만 전주에 살 때는 '서신동 점쟁이', 서울에서는 '광화문 점쟁이'가 어머니 삶의 안내자 역할을 했다.

'서신동 점쟁이'는 어머니에게 물장사를 해야 된다며 '왕대포집'을 하라고 권한다고 했다. 당시 술집을 하는 집 아이에 대해 다른 아이들이 수군대는 것을 봤기 때문에 어머니가 '왕대포 집' 이야기를 꺼냈을 때 가슴이 철렁 내려앉는 것 같았다. '왕대포 집'을 하기 위해 가게가 딸린 집으로 다시 이사를 하고 막걸리를 팔기 위한 공사까지 다 마친 상태에서 다행히 어머니가 마음을 바꿨다. 대신 튀김집을 하게 되었는데 하루에 한 명도 오지 않는 날이 대부분일 정도로 손님이 거의 없었다. 그도 그럴 것이 가게가 삼거리에 자리 잡고 있었는데 큰 길을 건너야 주택가가 있고 가게 옆이나 뒤로는 거의 사람이 살지 않았기 때문이다. 결국 어머니는 건설 공사장에 일을 나가게 되었다.

주는 나를 기르시는 목자요,
나는 주님의 귀한 어린양

집이 이사를 함에 따라 6학년으로 올라가면서 또 한 번 전학을 했다. 새로 전학을 한 학교는 이전 학교와는 분위기가 달랐다. 학교 주변 주택들도 고만 고만해 보였고 학교에 찾아오는 어머니들도 볼 수 없었다. 거의 매일 시험이 있어서 쉬는 시간에도 대개는 공부만 했기에 주변에 앉거나 하굣길이 같은 아이들 위주로 어울리며 지냈다. 담임선생님은 30대 초반의 젊은 남자 선생님으로 가정 형편이 어려워 4년제 대학을 가지 못하고 2년제인 전주 교대를 나왔다고 했는데 아이들을 차별 없이 잘 대해 줬다. 이름표도 안 달았고 다른 준비물이 필요한 미술 시간도 거의 없어 마음이 편했다.

당시 중학교 2학년이던 언니가 친구 따라 아침 신문을 돌리게 되었는데 혼자 다니기 무섭다며 늘 나를 데리고 다녔다. 캄캄한 새벽에 일어나 언니를 따라다니다 학교에 가니 늘 졸려서 쉬는 시간이 되면 자는 때가 많았다. 하루는 쉬는 시간이 끝난 줄도 모르고 계속 잠을 자다가 "저요, 저요" 하는 아이들 소리에 깜짝 놀라 깼다. 눈을 뜨고 칠판을 보니 아는 산수 문제인지라 얼른 손을 들었는데 선생님이 나를 시켰다. 수업 시간까지 잠을 잤음에도 혼내지 않아서 더욱 감사했다. 그날 이후 산수에 더 자신감을 가지게 되었고 중학교에 들어가서도 수학 시간이 가장 좋았다.

언니는 두 달 정도 신문을 돌렸는데 수금하러 다닐 때도 나를 데리고 다녔다. 언니가 수금하러 들어가면 나는 집 밖에서 기다렸는데 안에서 개 짖는 소리가 크게 들릴 땐 언니가 걱정이 되었다. 어른이 된 후 문득 그때가 생각나 언니에게 물었다.
"그때 신문 돌리고 번 돈 어떻게 했어? 그러고 보니 매일 따라다닌 나에게 한 푼도 안 줬네?"
"신문 돌린 값은 신문 대금 안내는 집에서 받아서 가지라고 하더라. 결국은 한 푼도 못 받고 그만뒀어"

보급소장이 신문을 더 이상 넣지 말라고 요청한 집들에 대해서도 계속 넣으라고 해서 넣을 수밖에 없었는데 이후 신문값을 받으러 가서 넣지 말라는 신문 왜 계속 넣느냐는 핀잔만 들었다고 했다.

전학한 지 얼마 되지 않아 모든 것이 낯선 상황에서 반 아이 중 한 명이 교회를 같이 가자고 했다. 한번 교회를 따라간 후 일요일 아침이면 그 친구가 어김없이 집까지 데리러 오는지라 교회를 안 갈 수가 없었다. 때로는 친구가 데리러 오지 않았으면 했지만 일단 교회에 가면 기분이 좋았다. 예배당을 가득 메운 아이들 속에서 목청껏 힘차게 찬양을 하는 게 좋았다. '주는 나를 기르시는 목자'를 매주 부르다시피 했는데 '나는 주님의 귀한 어린 양' 가사가 특히 좋았다.

주는 나를 기르시는 목자요, 나는 주님의 귀한 어린 양
푸른 풀밭 맑은 시내 물가로 나를 늘 인도하여 주신다.
주는 나의 좋은 목자 나는 그의 어린 양
철을 따라 꼴을 먹여 주시니 내게 부족함 전혀 없어라

예배가 끝나면 반별 성경공부 시간이 이어졌다. 각자 이름을 부르면 대답을 하면서 헌금을 선생님에게 드리는 방식으로 출석을 체크했다. 대부분의 아이들이 10원짜리 동전을 헌금으로 냈는데 나는 한 번도 헌금을 가져갈 수 없었기에 그 시간이 늘 부담스러

웠다. 나도 당당하게 대답하며 헌금을 낼 수 있었으면 좋겠다는 생각을 늘 했다.

교회에 고학년 학생들로 구성된 어린이 성가대가 있었는데 대회나 공연을 앞두고는 매일 연습을 했다. 나는 학교 수업이 끝나자마자 집에 와서 쌀, 팥, 콩을 섞어 갈아놓은 것으로 저녁 식사용 죽을 쒀 연탄불 위에 집게로 걸쳐 놓은 후 교회에 갔다. 연습을 마치고 집으로 돌아오면 저녁 9시가 넘었고 공부를 하려 하면 금세 잠이 쏟아졌다. 가을이 되면서는 성탄절에 올릴 성극을 연습했는데 숫기가 없고 또래에 비해 키도 작았던 나는 행인 3 이었다. 대사 하나 없는 역할이었지만 무대에 오를 것을 기대하며 설레는 마음으로 성탄절을 손꼽아 기다렸다.

그런데 가을에 어머니와 아버지가 고향에 다녀온 후 다시 고향으로 이사를 가야겠다고 했다. 아버지가 오래 못 살 것 같다며 마지막 소원이라고 했다. 너무 어려운 살림살이였기에 전주를 뜨는 것이 하나도 섭섭하지 않았지만 교회를 떠나는 것은 아쉬웠다. 특히 성탄절에 올려질 성극 무대에 서 보질 못하는 것이 많이 아쉬웠다.

중학교 진학, 닫혀있던 문을 눈물로 열다

11월 25일로 이사 날짜를 정한 후 학교를 다녀온 어머니가 큰 소리로 말했다.

"너네 선생이 지금 전학 시키면 원서 접수가 다 끝나서 중학교 못 갈 수도 있다며 중학교 입학한 후에 전학 시키라고 하더라. 그래서, 내가 걱정 마소 우리 딸은 중학교 안 보낼 텡께 하고 네 전학증 떼어 왔다"

언니들이 상급 학교에 다니고 있었으므로 나도 당연히 중학교에 진학하는 줄 알았다. 중학교를 못 간다고 생각하니 앞으로 어떻게 펼쳐질지 모르는 앞날이 두려워 눈물이 났다. 친구들과는 어떻게 헤어졌는지 기억도 나지 않는다. 친구들 중 한 명은 큰집 올케가 친구의 이모여서 겨울방학 때 한 번 더 볼 수 있었지만 나머지 친구들은 그 이후로 소식이 끊어진 지라 지금도 가끔씩 궁금한 마음이 든다.

할아버지가 마을 앞산 입구에 정자로 지은 집을 대략 개조해서 살게 되었다. 다른 집들의 지붕보다 높은 위치에 있고 마을이 한 눈에 내려다보여 마을 사람들이 '산정'이라고 부르던 집이었다. 아무도 사용하지 않은 채 늘 비어 있던 집이었는데 마당이 꽤 넓어서 전주에서 고등학교에 다녔던 막내 오빠가 방학이 되면 동네 아이들을 모아놓고 태권도를 가르치곤 하던 곳이었다. 가정집으로 개조를 했지만 본시 집의 용도가 달랐었기 때문인지 여전히 어설프고 썰렁한 느낌이 들었다. 바위를 타고 조금 올라가야 집이 있는 데다 담도 없고 동네 사람들이 그냥 집이 아닌 '산정'이라고 부르는 것도 싫어서 다른 집에 살았으면 좋겠다는 생각을 많이 했었다.

그런데 오랜만에 만난 다른 동네 살던 중학교 동창이 "너네 집은 시골집 같지 않게 예쁘고 좋았다"라고 해서 놀라웠다. 그 말을 듣고 다시 생각하니 할아버지가 당신의 아들들 공부를 위해 특별히 좋은 자재로 서당처럼 지은 집이었고 아버지가 우리 집보다 먼저 그 집에 기와를 올렸던 특별한 집이었다. 하지만, 당시 나의 자격지심이 집의 좋은 면을 보지 못하고 안 좋은 면만 보았던 것 같다.

다시 돌아온 시골 학교는 분교에서 초등학교로 승격이 된 상태였지만 6학년 학생은 스무 명 정도에 불과했다. 그중 절반가량만 중학교 진학이 예정되어 있었고 졸업도 하기 전에 벌써 서울로 일하러 간 아이도 있었다. 당시 우리 마을은 언니가 여고생 1호였을 정도로 여자아이들은 초등학교만 졸업하는 것이 당연하게 여겨지던 곳이었다. 전주에서는 중학교에 못 간다는 아이가 한 명도 없었기에 초등학교만 졸업하고 앞으로 어떻게 살아가나 싶은 마음이 들었다. 아무리 참으려고 해도 끊임없이 눈물이 흘러 늘 울면서 학교를 다녔다. 사촌 이내 친척 가운데 내 동갑이 네 명이나 되었는데 나만 중학교에도 못 간다고 생각하니 더 비참한 마음이 들었다. 하루는 마루에서 울고 있는데 방 안에서 어머니가 갑자기 큰 소리로 야단을 쳤다.
"니 애미가 죽었냐, 애비가 죽었냐, 울음 뚝 못 그쳐?
우리 같은 형편에 딸자식 중학교 보낸다고 하면 남들도 욕한다"

그런데 당시 나는 중학교도 못 나오면 친척들이 모이는 곳에는 영영 얼굴도 못 내밀 것 같았고 앞이 캄캄한 마음이었다. 어느 날 여전히 울고 있던 나를 담임선생님이 따로 불렀다. 새로운 담임 선생님과는 채 한 달도 같이 지내지 않았을 때였는데 입학원서에 부모님 도장만 받아오면 중학교 수업료를 책임지겠다고 했다.

그 말을 집에 와 전하니 고등학교 졸업반이었던 언니가 "선생님도 이렇게 나오는데.. 엄마 해 보는 데까지 해 봤으면 좋겠어" 했다. 덕분에 어머니가 마음을 바꿨고 선생님의 금전적 도움 없이 중학교에 입학할 수 있었다. 선생님은 한편으로는 말할 수 없이 고마운 분임에도 나중에 감사한 마음을 가질 수가 없었다. 중학교 입학 후 길에서 선생님과 마주치면 외면을 했다. 당시 30대 초반의 총각 선생님이었는데 여학생을 한 명씩 불러 옆에 세워 놓고 이야기를 할 때가 많았다. 본인은 앉은 채로 한 손은 아이의 어깨를 감싸고 한 손은 활짝 펴서 여학생의 가슴 부분 위에 놓고 마사지하듯 움직였다. 나는 일곱 살에 학교에 들어간 데다 또래에 비해 발육이 늦었지만 그 행동이 너무 싫었다.

꿈조차 꿀 수 없었던 중학생 시절

공부 보다는 일이 우선

학교 입학을 앞둔 겨울 방학 때 영어 과외를 받는 호사를 누렸다. 같은 동네에 살던 작은집 사촌 오빠가 고려대학교를 다녔는데 방학을 맞아 내려온 오빠에게 중학교 1학년 교과서로 사촌 형제 다섯 명이 함께 배웠다. 익산에 살던 나보다 생일이 조금 빠른 동갑내기 사촌 덕분에 마련된 과외였다.

그때를 제외하고는 겨울에는 농사일을 안 하는 대신 땔감으로 쓰일 나무를 했다. 어머니가 꺾어 놓은 소나무를 단으로 묶어 집으로 가져오거나 산에 떨어져 있는 마른 잎들을 갈퀴로 긁어모아 가져왔다. 겨울방학 때엔 저녁시간만큼은 온전히 쉴 수 있었는데 친구들과 한 집에 모여서 노는 경우가 많았다. TV도 없어서 민화투를 많이 쳤는데 나는 이기는 경우가 거의 없었다. 그냥 치면 재미없다고 라면 내기를 하자는 때가 종종 있었는데 나는 질게 뻔해서 늘 부담스러웠다. 그렇다고 같이 놀다가 빠질 수도 없었다. 다른 아이들도 용돈이 상시 있는 것이 아니기 때문에 외상으로 라면을 사 와서 우선 끓여먹고 나중에 함께 갚곤 했었다. 그래서인지 나는 한때 국민 오락으로 크게 유행했었던 고스톱을 아예 처음부터 배우고 싶지도 않았다.

어머니는 내게 중학교를 못 보낼 형편인데 보내줬으니 "전체 일등을 하지 않으면 당장 다음 학기 등록금은 없을 것이다" 했다. 십 리 길을 걸어서 다녔고 참고서 한 권 없었지만 얼마나 긴장하며 공부했던지 첫 시험에서 한 과목만 빼고 모두 100점을 받았다. 덕분에 다음 학기 수업료 걱정을 안 하게 되었고 여름 교복은 헌 옷이 아닌 새 옷을 얻어 입을 수 있었다.

농번기가 되면 공부보다는 부족한 일손을 도와야 했다. 고향으로 온 후 일요일은 '일하는 요일'이었다. 겨울에도 땔감으로 쓸 나무를 해야 했으므로 쉴 수 있는 날이 거의 없었다. 특히 누에를 기르는 봄 가을에는 더욱 바빴다. 내일 당장 시험이 있어도 시험공부는커녕 자정을 넘겨서까지 일을 해야 하는 날이 허다했다.

누에 공판을 통해 목돈이 들어오면 당시 전주여고에 다니고 있던 바로 위 언니가 때맞춰 내려왔다. 언니가 집에 오는 이유를 너무나 잘 알면서도 나는 언니를 보자마자 늘 왜 왔느냐고 물었다. 언니는 향후 남동생 학비를 댈 사람이었고 객지에서 떨어져 생활하고 있었으므로 언니가 돈을 다 가져가는 것은 당연한 일이었다. 늘 혹시나 했지만 누에 공판한 돈은 언제나 내 몫은 한 푼도 남지 않았다. 내 수업료는 계속 못 내다가 방학 날짜가 얼마 남지 않아 더 이상 미룰 수 없게 되었을 때 가까스로 낼 수 있었다. 수업료 고지서가 나오면 어머니에게 드린 후 수업료를 줄 때까지 '언제 주시나' 속으로만 생각할 뿐 내색조차도 할 수 없었다. 돈이 없는걸 뻔히 알기에 수업료 이야기를 꺼냈다가 자칫 학교 못 보내겠다는 이야기가 나올까 두려웠기 때문이었다. 각 학년별 여학생이 한 반뿐이었기에 1학년 때 담임선생님이 2학년과 3학년 담임을 계속 맡았는데 반 전체 학생들을 대상으로 수업료를 빨리 내라고 한 적은 있었지만 늘 꼴찌로 수업료를 냈던 나를 따로 불러 수업료 재촉을 한 경우는 한 번도 없었다.

김이 모락모락, 아버지가 남겨준 코트

중학교 2학년 봄에 아버지가 돌아가셨다. 세상을 뜨기 전 한동안 전혀 식사를 못했는데 슈가콘을 사다 드렸더니 한 봉지를 다 드셨다. 씹을 필요 없이 부드럽게 입안에서 스르르 녹았던 20원하던 슈가콘을 당시에는 더 이상 사드릴 수 없어 안타까웠다. 식사를 못하는 상태가 계속되다가 기력을 많이 잃게 되었고 큰 오빠 집으로 옮기게 되었다. 지금 생각해 보면 돌아가실 것 같아 큰 아들 집으로 모신 거였지만 나는 당시 아버지가 곧 돌아가실 거라고는 생각을 못 했다. 식목일 행사로 나무를 심은 후 친구들과

42

학교 근처에서 나물을 캐다 느지막이 집으로 돌아오는 도중에 전보 치러 면 소재지로 향하던 큰집 오빠를 만났다.

"아버지 돌아가셨다. 빨리 가 봐라"

'정승이 죽으면 문상객이 없다'는 말이 있듯이 아버지가 11년 동안 고향마을 면장을 하면서 온갖 대소사를 많이 찾아다니고 사람들과 어울리느라 월급을 제대로 못 가져올 정도였음에도 정작 아버지가 세상을 떴을 때는 친하게 지냈던 부하 직원도 오지 않는다며 어머니가 많이 섭섭해했다. 그리고 전처 자식 다 키우고 내 자식 키울 차례 되니까 가냐며 서럽게 목놓아 울었다.

어머니는 전처 자식들에게는 '새엄마라서'라는 소리를 듣기 싫어서인지 도리를 열심히 하려고 애썼던 것 같다. 하지만, 당신이 낳은 자식들에게는 도리도 사랑도 접어둔 채 출세할 아들에게만 모든 초점을 맞추었다.

어머니는 아버지가 입었던 옷을 다 태우면서도 검은색 코트는 버리지 않고 내 코트로 다시 만들어 주었다. 다른 아이들이 입고 다니던 학생용 코트보다 훨씬 두껍고 따뜻했다. 하지만 다른 친구들이 보기에는 마음이 불편했던 모양이었던지 친구 중 한 명이 내가 죽은 사람 옷 입고 다니는 것을 흉보는 애들이 있다고 말해줬다. 그래도 나는 따뜻한 코트를 벗고 싶지 않았다. 천이 매우 두껍고 사이즈도 넉넉하여 코트를 입고 있으면 너무 따뜻해, 아버지의 체온이 그대로 느껴지는 듯했다.

3학년을 앞두고 1월부터 보충수업이 시작되었다. 조금 빨리 가려고 넓은 길 대신 지름길인 논둑 길을 이용하곤 했는데 가는 도중 냇물을 건너야 하는 길이었다. 사람들이 냇물을 건널 수 있도록 냇물 속 중간중간에 큰 디딤돌들이 놓여 있었다. 하지만 키가 작았던 나는 발을 힘껏 뻗었음에도 불구하고 다음 돌에 닿지 못하고 한 겨울 차가운 물속으로 엎어지고 말았다. 학교까지는 100미터 정도 남아 있었고 집으로 돌아가자면 10리 길이었다. 하는 수없이 그대로 학교에 갔는데 물에 젖은 코트가 꽁꽁 얼어 있었다. 코트가 두꺼워서 다행히 코트 안쪽은 젖지 않았다. 깜짝 놀란 담임선생님이 숙직실에 있던 남자 선생님 운동복을 구해다 줬다. 그날 나는 남자 선생님 운동복을 입고 난로 옆에 앉아 젖은 옷을 말리며 수업을 들었다. 교실 난로 옆에서 김이 모락 모락 나던 코트..

불우이웃 돕기 성금은 상처에 발라준 빨간약, 장학금은 목말라 있을 때 건네준 생수

비록 참고서 한 권 살 수 없었고 수업료를 꼴찌로 내는 처지였지만 그때까지는 내가 특별히 불우하다는 생각은 하지 않았다. 그런데 3학년이 된 후 첫 달 불우이웃 돕기 성금 수령 대상자가 되었다. 전교생이 운동장에 모이는 월요일 조회 시간에 교장선생님으로부터 각 반당 한 명씩 단상에서 성금을 받는 식이었다. 각 학년당 학급 수가 세 학급밖에 되지 않는 작은 학교에서 공개적으로 내가 '불우 이웃'으로 구별되게 되니 선생님이 원망스러웠다. 나를 알고 있던 아이들이 나를 '가난하고 불쌍한 아이'로 볼 걸 생각하니 자존심이 많이 상했다.

성금 수여식이 있던 월요일 조회 시간, 나는 운동장에 나가지 않고 교실에 홀로 앉아 운동장에서 들려오는 소리를 생생하게 듣고 있었다. "3학년 3반 이연정" 내가 운동장에 나가지 않았어도 '불우이웃 돕기 성금 수여식'은 이상 없이 진행되었고 조회가 끝난 후 나와 친했던 친구가 내게 흰 봉투를 건네줬다. 나는 말없이 봉투를 받은 후 열어보니 오천원이 들어 있었다. 집에 돌아오자마자 그대로 어머니에게 건네며 어머니 표정을 보니 어머니에게는 가뭄에 단비 같을 수도 있겠구나 싶은 생각이 들어 선생님을 향한 원망스러웠던 마음이 사라졌다. 나는 무단으로 조회에 참석하지 않기에 야단맞을 것을 각오하고 있었는데 담임선생님은 아무 말씀이 없었다.

1학기가 끝나갈 무렵, 담임 선생님은 나를 따로 불러서 "2학기 수업료는 장학금으로 전액 납부될 것이니 그리 알아라" 했다. 장학금은 따로 전달식도 없었기에 선생님이 나를 특별히 배려한 듯했다. 3학년은 졸업반이라 2학기 초에 남은 수업료를 한꺼번에 납부해야 한다고 해서 걱정을 많이 하고 있던 참이었기에 말할 수 없이 감사했다.

선생님이 돌아가신 후에 곰곰이 생각해 보니 선생님의 개인 돈으로 내 수업료를 냈을 지도 모른다는 생각이 들었다. 당시 선생님의 남편은 모 국회의원의 일을 돕는다는 이야기가 있었으니 선생님이 남편에게 이야기해서 장학회가 조직되었을 수도 있었겠다는 생각도 든다. 아무튼 선생님 덕분에 나는 마지막 두 학기 수업료에 대한 걱정을 안 해도 되었고 청웅면 장학회는 내가 중학교 3학년이었을 때 생겨나 지금까지 유지되고 있다.

담임 선생님의 사랑, 내 삶의 첫 번째 원동력

3학년이 되면서 매일 야간 자율학습을 했다. 중학교도 겨우겨우 다니고 있어서 고등학교 진학은 엄두도 낼 수 없는 상황이었지만 학교를 다니면서 성적에 신경을 안 쓸 수가 없었다. 누에 키우는 철이 아닌 때에는 늘 야간 자율학습에 참여했다.

학교에서 우리 동네까지 가려면 저수지와 묘가 많이 있던 산을 넘어야 했다. 밤늦은 시간에 친구와 단둘이서 면 소재지 가까이 있던 마을을 지나 캄캄한 산길로 접어들면 다리가 후들거리기 시작했다. 얼굴도 알지 못하는 저수지에 빠져 죽은 동네 사람들 이야기와 전에 들었던 전설 같은 귀신 이야기들이 생각났다. 친구와 바짝 붙어 캄캄한 산속 길을 작은 손전등 불빛 하나에 의지해 빠른 걸음으로 걷다 보면 저 멀리 동네의 불빛이 보였다. 희미하게 보이는 작은 불빛만으로도 무서운 마음이 사라지며 안도감이 들었다.

3학년이 되자마자 담임선생님이 각자 향후 진로 계획을 써 내라고 해서 '서울 실업계 2부'로 써냈다. 사실 구체적인 계획이 있었던 것도 아니었고 우리 면 소재지에는 고등학교가 없었기에 전라북도 내에서는 고등학교를 다니며 거처할 곳이 없어 막연히 그렇게 써낸 것이었다.

이후 선생님은 내가 장학생으로 고등학교에 갈 수 있는 방안을 여러 방면으로 알아보았다. 한편으로는 내가 체구도 작고 체육을 잘 못했으므로 체력장에서 점수를 잃을까 염려했던지 체력장 시험이 있던 날 박카스를 들고 나를 따라다니며 시험 장소 별 각 담당 선생님들한테 일일이 인사를 하며 나를 잘 봐달라 부탁했다.

군 내에 있는 학교는 전액 장학생으로 갈 수 있게 되었다. 선생님은 전주에 있는 학교도 일단 시험만 보면 학업을 마칠 수 있도록 어떻게든 돕겠다 했지만, 어머니가 절대 두 집 살림은 못한다며 강하게 반대했다. 나도 중학교를 다니며 매우 힘들었기에 빨리 자립을 하는 게 낫겠다 싶었다. 자립을 하면서 학업도 이어갈 수 있는 길이 국제상사, 한일합섬 등에서 운영하는 산업체 부설 학교에 지원하는 것이었다. 하지만 모집 요강을 보니 키 150센티 이상이 되어야 했다. 당시 나는 키 145센티에 몸무게는 40킬로 그램도 되지 않아 신체 조건 미달로 그곳조차 갈 수가 없었다.

고등학교에 진학하지 못하는 상황에서 중학교 졸업식장에 도저히 참석할 수가 없었다. 중학교 졸업식 때 청웅면 장학회에서 성적이 우수한 아이들에게는 장학금을 준다는 소식을 들으니 더 마음이 힘들었다. 집에 있으면 안 갈 수가 없을 것 같아 졸업식을 피해 집을 떠나 있을 요량으로 전주 오빠 집에 다녀온다고 어머니에게 이야기하니 전주 왕복 차비를 줬다.

예상했던 대로 선생님이 졸업식 전날 이장 댁에 설치된 마을공동 전화를 통해 나를 찾았는데 어머니가 대신 받아 선생님이 나를 꼭 한번 보고 싶어 한다는 말을 전해 줬다. 선생님은 내가 좌절해서 엇나가지 않을까 걱정을 많이 하는 것 같았다. 이후 한 번도 만나지 못한 상태에서 선생님은 일찍 세상을 떠났다. 친구를 통해 뒤늦게 소식을 듣게 되었는데 소식을 듣기 전날 꿈속에서 친구가 퇴직을 한다고 해서 서럽게 울었었다. 꿈이지만 너무 많이 울고 깨어나니 기운이 쭉 빠질 정도여서 이상한 기분이 들었다. 야간학교를 계속 다니며 시험기간에 맞춰 휴가를 쓰고 대학 졸업 이후 힘든 시간이 계속되다 보니 전화만 드리고 찾아뵙는 것을 미뤘기에 죄송하고 많은 후회가 되었다.

서울에 가면 길이 있겠지.., 학업의 길을 찾아

졸업식을 피해 전주 오빠 집에 있는 동안 서울에 살던 막내 오빠가 장사할 자금을 구하기 위해 왔다. 졸업식 다음날 막내 오빠와 함께 전주 오빠 집을 나와 나는 고향 가는 버스 터미널로 막내 오빠는 고속버스 터미널로 향했다. 내가 탄 버스에 시동이 걸리고 막 출발하려는 찰나 오빠가 버스로 뛰어 올라와 말했다.
"연정아 서울 가자! 학교 보내 줄게"

서울로 가면 어떤 방도라도 있을 것 같았고, 오빠를 따라 서울행 버스에 몸을 실었다. 그렇게 예상치도 못한 나의 서울살이가 시작되게 되었다.

오빠를 따라와 옷가게를 했던 오빠 집에서 조카를 돌보고 가사를 했다. 가게에 살림집이 붙어 있었지만 올케언니는 새벽시장에서 물건을 사 오고 하루 종일 가게 일에 매달려 있어서 집안일은 온전히 내 몫이었다. 아침 먹은 그릇을 씻고 수북이 쌓인 기저귀를 빨기 위해 빨래판 앞에 쪼그리고 앉으면 8시쯤 되었는데 이 시간이면 다른 아이들은 조회를 하고 있겠구나 싶었다. 그런 생각이 들면 가슴 한구석을 조여오는 듯한 통증이 느껴져 가슴이 미어진다는 것이 이런 건가 싶었다.

가게가 하월곡동에 있었는데 손님들의 대부분은 공장에 다니거나 작은 맥줏집에서 일하는 사람들이었다. 작은 공장에서 일하는 사람들은 대부분 나이가 어렸는데 외상으로 옷을 사 입은 후 조금씩 갚는 경우가 많았다. 외상값을 받으러 삼양동에 있는 공장에 간 적이 있었는데 지하에 위치한 공장 안 형광등 불빛 아래 재봉틀 사이사이로 사람들이 보였다. 차마 공장에 들어가지 못하고 다시 돌아오면서 오빠 집에서 가사를 하는 게 차라리 낫겠다는 생각을 했다.

'학업의 길'은 내가 스스로 찾아야 했다. 서울 생활 초기에는 우선 검정고시를 본 후 형편을 봐서 대학에 갈 계획이었는데 차츰 교복 입은 학생들이 너무 부럽다는 생각을 하게 되었다. 또래의 아이들이 교복 차림으로 멀리서 걸어오는 것을 보면 마주치고 싶지 않아 피하곤 했다. 당시는 수도권 인구 억제 정책으로 인해 지방에서 중학교를 졸업한 학생은 서울 소재 일반 고등학교로 바로 진학이 안된다고 했다. 서울에 온 지 1년이 될 무렵 연합고사 결과 발표 직후 신문 1면 하단에 실린 서울 소재 10개 전수학교들의 공동 광고를 보게 되었다. 원래는 중학교 선배이기도 했던 사촌 언니가 다녔던 학교를 가려고 했지만 전수학교 중 유일하게 선착순 모집을 하지 않고 입학시험을 치른 후 성적순으로 장학금을 준다고 광고한 청산여자상업전수학교에 들어가기로 마음을 바꿨다.

'내 꿈은 쥐똥이다'를 외치며 시작한 상업학교 시절

내 꿈은 쥐똥이다! 청산여자상업전수학교 입학

동대문 이화여자대학교 병원 뒤편에 있었던 청산여자상업전수학교 야간부에 입학했다. 주야간 합쳐 각 학년별로 16학급이 있어 학생 수는 적지 않았지만 운동장은 거의 없다 싶을 만큼 작았고, 허름한 강당과 학교 건물 하나만 달랑 놓여 있었다. 학교를 세운 이사장님이 목사님이었는데 부흥회에 참석하는 것으로 새학기가 시작되었다. 부흥회는 학교에서 멀지 않은 교회에서 있었는데 강사 목사님이 올라오기 전 기타 반주에 맞춰 찬양을 불렀다. 목사님이 어떤 내용으로 설교를 했는지는 지금으로서는 전혀 기억나지 않지만 그 당시에는 꽤나 마음에 와닿았던 것 같다.

이후 얼마 안 있어 학교의 청평 생활관에서 합숙 수련회가 있었다. 수련회를 인도하는 교목 목사님이 수련회 첫날 저녁 참석 학생들을 모아놓고 각자의 꿈에 대해 물어봤다. 당시 나는 직업들을 많이 알지 못했고 꿈에 대해 한 번도 깊이 생각해 본 적이 없던 상태였는데 언니로부터 스튜어디스의 월급이 많다는 소리를 들은 기억이 나서 스튜어디스라고 대답했다. 목사님은 각자의 꿈을 다 듣더니 다 함께 '내 꿈은 쥐똥이다'를 외치라고 했다. 생활관 복도에 길게 늘어선 아이들이 "내 꿈은 쥐똥이다! 내 꿈은 쥐똥이다!" 재차 외쳐댔고 나는 꿈을 무시당한 것 같아 기분이 많이 상했었다. 수련회의 주제는 '꿈꾸는 사람이 되자'였다. 요셉에 대한 이야기를 들려주고 '세상에서 빛과 소금의 역할을 할 수 있는 사람이 되길 원하는 기도'를 늘 하라고 했다. 이사장님과 교장 선생님의 훈화 시간에는 늘 "범사에 감사하고 부지런하게 살아라"라며 재차 강조했다. 부지런하기만 하면 가난하게 살 이유가 없다는 것이다.

학교의 그러한 교육은 수돗물도 나오지 않는 셋방에 살며 자급자족해야 했던 내게 살아나갈 조금의 힘이라도 보태주는 것이었다. 다른 학교 학생들을 보면 '너희들은 부모님 돈으로 학교 다니지만 난 이미 경제적으로 독립을 했어'라는 생각으로 나 자신을 위로했고 은근히 뿌듯한 마음마저 들곤 했다. 동대문에서 학교로 향하는 길을 늘 기쁜 마음으로 뛰어가 듯 걸어 올라가곤 했다.

1만원 가불 신청과 함께 시작한 첫 직장 생활

우리 반 교실은 야간부 교무실 바로 옆에 있었다. 입학한 지 얼마 안 되었을 때 교무실에서 나오던 교목 목사님과 마주쳤다. "너 입학식 때 선서한 애구나, 일자리가 하나 들어왔는데 가 볼래?" 했다. 때마침 조카가 한 명 더 태어난 터라 오빠 집에서 가사를 하며 학교생활까지 하기엔 무리였고, 고향에 살던 어머니와 동생들도 곧 서울로 이사 올 예정이었기에 잘 됐다 싶었다.

목사님이 준 메모지를 보니 회사명 'ㅇㅇ 스크린'과 전화번호가 적혀 있었다. 스크린이라 되어 있어 영화사인가 보다 생각했는데 실크스크린 인쇄를 하는 회사로 사무실과 인쇄 작업실이 나란히 붙어 있었다. 사무실 안쪽에 사장과 총무 자리가 나란히 있고 출입문 바로 앞에 사환 자리가 있었다. 인쇄 작업실은 공장장과 공장 직원들이 근무하는 공간이었다.

서울의 주요 백화점, 광고 회사 등이 주요 거래처였다. 당시에는 퀵 서비스가 없어서 나는 주로 심부름꾼 역할을 했다. 사무실 인원과 공장장은 고정 직원이었지만 단순 업무를 하던 공장 직원들은 수시로 바뀌었다. 직원들은 작업량이 많을 때 들어와서 밤낮없이 일하다가 작업량이 줄면 나갔다. 주로 백화점 세일 기간에 천장에 매다는 광고물 등을 인쇄했기에 시기에 따라 작업량의 차이가 컸다. 특정 기간에는 일이 넘치지만 일이 전혀 없는 기간도 많았다. 일이 끊기게 되면 사장이 고정 직원이 아닌 직원들에 대해서는 이것저것 트집을 잡아서 계속 혼내는지라 스스로 일을 그만두고 나가지 않을 수 없었다.

오빠 집을 나오기로 하고 취직을 했던 지라 오빠에게 더 이상 돈을 달라고 말하기가 어려웠다. 지갑에 딱 85원과 버스표 몇 개만 남은 상태에서 반 아이들에게 고민을 털어놨더니 아이들이 너무 쉽게 "회사에 가불 신청해" 했다. 오랫동안 공장에 다니고 있던 아이들이었는데 돈이 떨어지면 회사에 가불을 신청하는데 신청만 하면 바로 준다고 했다. '그렇게 좋은 제도가 있다니..'

다음날 출근해서 바로 총무에게 가불금 만원을 신청했다. 입사한 지 일주일도 안되어 가불해 달라는 전수학교 학생, 지금 생각하면 사장과 총무가 얼마나 황당했을까 싶다. 총무는 나를 당장 내보내라는 사장을 어렵게 설득해 가불을 처리했다며 내게 만원을 건넸다.

총무는 홀어머니를 모시고 남동생을 뒷바라지하던 20대 중반의 여자로 나이에 비해 매우 어른스러웠다. 시골에서 올라와 처음 하는 직장 생활이었던 터라 말투부터 시작해 부족한 게 많았지만 총무는 나를 늘 감싸고 격려해 줬다. 도시락 반찬으로 매일 된장에 삭힌 깻잎장아찌만 가져오는 내게 반찬은 본인이 더 가져올 테니 밥만 싸오라고 했고, 학생이니까 일 없을 때는 사무실에서 공부해도 된다고 했다. 내가 퇴사할 때에는 꼭 대학에 가라는 말과 함께 영어사전을 선물해 주기도 했다.

막내 오빠는 일찌감치 연애를 해서 20대 중반에 결혼을 했는데 내가 학교에 들어가자 '남학생 대처법'을 알려줬다. 남학생들이 말을 걸어오면 일체 대응을 하지 말라는 것이었다. 어느 날 회사의 공장에서 실습생으로 일하던 학생이 일요일에 어디에서 몇 시에 만나자는 쪽지를 줬다. 나는 아무런 대꾸를 하지 않았다. 월요일에 출근한 그 학생이 한참 기다렸는데 왜 안 나왔냐고 물었지만 나는 여전히 아무 말도 안 했고 며칠 후 그 학생은 회사를 나갔다.

1학년이 끝나갈 무렵 실크스크린 인쇄 회사를 그만뒀다. 주산, 부기, 타자 등 상업학교 자격증 시험이 있는 일요일에도 근무하는 경우가 많아서 자격증을 취득한 다음에 다시 취직할 생각이었다. 그간 모아 놓은 돈도 조금 있었고 수업료를 면제받았기에 몇 달 동안은 직장을 안 다녀도 될 것 같았다.

그런데 학기 초에 3학년 선배 중 한 명이 전교생 앞에서 '소년○○일보' 판매 일을 소개했다. 한 부당 판매 수입이 13원이었는데 하루에 몇 시간만 일하는 선배 수입이 내가 받던 월급보다 많을 것 같았다. 아침 일찍 몇 시간만 일하면 못해도 용돈 정도는 벌 수 있겠다 싶었다. 배정된 초등학교 교문에 가니 다른 신문사의 어린이 신문을 파는 학생들이 있었는데 내가 팔던 신문은 학생들에게 상대적으로 인기가 덜해서 팔지 못한 신문이 너무 많을 때엔 수업하기 전 교실에 들어가서 팔곤 했다.

짧은 기간에 몇 학교를 돌아다녔기에 내가 막냇동생이 다니던 학교에 갔었는지 기억조차 없었는데, 어른이 된 후 동생이 나를 교실에서 본 적이 있다고 했다. 동생이 당시 많이 놀라고 마음이 아팠는지 수년이 지난 후 나중에야 종종 그 이야기를 꺼내곤 했다.

어느 날 딸이 "엄마, 삼촌은 왜 나만 보면 늘 고맙다고 해?" 물었다. 내 인생은 비록 다사다난했을지라도 그 과정에서 얻는 것도 많았기에 딱히 서러운 것도 아쉬운 것도 없는데 막냇동생이 보기에는 그저 안타까운지 내게 기쁨을 많이 주는 딸에게 늘 고맙다고 하는 듯하다.

두 달 정도 신문 판매일을 했는데 충무로에 있던 학교에서는 신문을 사서 구겨지지 않게 곱게 본 후 다시 접어서 항상 되돌려 주는 남자아이가 있었다. 당시 5학년이나 6학년 정도로 보였던 그 아이는 지금 어떤 어른이 되어 있을까 가끔씩 궁금한 마음이 든다.

두 번째 직장, 아버지를 생각나게 했던 상사

이후 2학년 담임선생님의 소개로 취직을 했다가 두 번이나 1주일도 안되어서 잘리게 되었다. 사환은 일반 직원보다 한 시간 일찍 출근해서 사무실 청소를 하고 외부 심부름을 주로 했으며 한 달 월급은 분기별 등록금 보다 낮은 수준이었다. 나는 회사가 낮은 월급으로 학생을 쓰는 거니까 비록 업무시간 중일지라도 주어진 일이 없으면 사무실에서 공부할 수 있게 해줘야 한다고 생각했다. 그래서 사무실에서 공부하다가 며칠 만에 그만 나오라는 소리를 들었다.

담임 선생님은 왜 자꾸 취직하자마자 그만두게 되냐고 하면서도 여름 방학이 시작될 무렵 다른 곳을 또 소개해 줬다. 동대문 근처에 있던 특수법인 산하기관이었는데 이전 회사와는 전혀 다른 분위기였다. 원장과 부원장은 사무실이 일반 직원 사무실과 떨어져 있고 일반 직원들과는 거의 대면하는 일이 없는 것 같았다. 부원장은 군인 출신이었는데 책상 위에는 영문 잡지들이 많이 있어서 딴 세상 사람처럼 느껴졌다.

일반 직원은 총무국과 기술국으로 나뉘어 근무했는데 나는 총무국 소속이었다. 총무국 국장은 거의 말이 없었고 실제적인 통솔은 총무 과장이 했는데 따뜻하고 배려심이 많은 사람이었다. 총무국 사무실에 연결되어 있는 긴 복도를 따라 조금 떨어진 곳에 기술국이 있었는데 복도에 실험용 기계가 있어서 실험용 삶은 액체에서 나오는 역한 냄새가 날 때가 많았다. 기술국 직원들은 사환 언니만 빼고 모두 남자 직원들이었는데 사무실 한쪽에 설치된 탁구대에서 탁구를 치곤했다. 기술 국장은 사환 언니를 마치

자신의 딸처럼 예뻐해서 무조건 우리를 예뻐했던 아버지를 보는 것만 같았다.

2학년이 끝나갈 무렵 당시 한국국악협회 이사장이었던 어머니의 작은 아버지 즉 작은 외할아버지가 우리 집을 방문했다. 우리는 작은방 한 칸에서 여섯 식구가 살고 있었는데 어머니가 집에 수도 대신 작두 물이 있는 것을 보고 수도세라도 아낄 수 있겠다는 생각으로 얻은 초라한 집이었다.

작은 외할아버지는 급여를 내가 당시 받던 액수의 두 배 정도를 주고 졸업 후에는 월급을 올려 계속 근무할 수 있게 할 것이니 한국국악협회로 옮기라고 했다. 다음날 출근해서 총무과장에게 말하니 아쉽지만 졸업 후 근무가 보장되는 곳으로 옮기는 것이 더 좋을 것 같다고 했다.

세 번째 직장,
한국예술문화단체 총연합회 소속 한국국악협회

한국국악협회는 종로 금강제화 건물에서 낙원상가로 들어가는 길 왼편에 위치해 있었다. 2층짜리 일제 식 건물로 예술 문화단체 총연합회 산하 10개 협회가 모여 있었다. 화장실도 재래식이었고 오래된 목조 건물이어서 걸으면 마룻바닥에서 삐걱삐걱 소리가 났다. 내 기대치에 퍽 미치지 못해 많이 실망스러웠다.

 사무실에는 국장과 여직원 두 명이 근무하고 있었는데 내가 추가되어 사무실 청소와 여러 심부름들을 맡았고 한국국악협회 가입 신청서를 보고 회원 등록부를 타자로 작성하는 일을 하게 되었다. 당시 나는 군것질을 많이 했는데 특히 오리온 밀크 캬라멜은 심부름을 다닐 때 입속에 넣고 오물거리면 티 내지 않고 먹을 수 있어서 자주 사 먹곤 했었다. 한 번은 사자마자 포장을 뜯어보니 내용물이 많이 녹아 뭉개져 있었다. 가게에 교환하러 갔더니 회사에 전화하면 한 박스를 주니까 회사로 직접 전화하라고 했다. 바로 사무실로 돌아와서 전화로 오리온제과에 신고를 하고 밀크 카라멜 한 박스가 오기만을 기다렸다. 전화한 다음날 중년의 남자가 사무실로 와서 나를 찾더니 상대적으로 가격이 쌌던 초코파이 한 상자를 아무 말 없이 건네주고 갔다. 순간 너무 부끄러운 마음이 들었고 초코파이를 받자마자 사무실 직원들에게 나눠주니 영문을 모르는 직원들은 무슨 초코파이냐며 맛있게 먹었다. 하지만 나는 아무 말도 못 했고 내내 후회가 되었다.

 국악협회에서 했던 심부름은 주로 은행, 의료보험 조합, 협회의 분과 위원을 맡은 회원들의 학원을 다녀오는 일이었다. 당시 설립된 지 얼마 되지 않았던 예술 문화단체 총연합회 의료보험 조합에 가면 TV에서나 볼 수 있었던 인기 연예인들을 종종 볼 수 있어서 심부름할 일이 있으면 오늘은 누구를 볼 수 있을까 내심 기대가 되었다. 상업학교에 입학한 후 은행에 들어갔으면 좋겠다는 생각을 막연히 해왔었는데 은행을 자주 드나들게 되니 더더욱 은행에 들어가고 싶어졌다. 학교 졸업 후에도 계속 다닐 수 있다는 이유 때문에 한국국악협회로 옮겼지만 오랫동안 다닐 수는 없을 것 같았다. 특히 향후 이사장이 바뀌면 직원들도 바뀔지 모르겠다는 생각이 들었다.

선생님 사랑으로 채워진 어머니 사랑의 빈자리

청산여자상업전수학교 야간부 학생들은 전국 각지에서 모인 아이들로 낮에는 공장일, 가정부, 사환, 신문 판매, 사무실용 전화기 닦는 일, 타자 치기 아르바이트 등 다양한 일을 했다. 수업을 4시 30분에 시작했기에 수업이 시작한 후에 오는 경우도 많았고 일을 하고도 월급을 제대로 못 받는다는 이야기도 종종 들었다. 나는 비록 단칸방이지만 가족과 함께 살고 있고 월급을 떼이지 않는 것만으로도 다른 친구들에 비하면 형편이 좋은 편이었다. 지금 생각하면 왜 그때 반 친구들에게 그런 질문을 했는지 모르겠다.

"너희들 가장 원하는 게 뭐야?"

"인격적인 대우를 받는 것이야"

내 주변에 앉았던 모든 아이들이 돈을 많이 벌고 싶다거나 가족과 함께 지내고 싶다거나 공부를 잘하고 싶다는 게 아닌 '인격적인 대우를 받는 것'이라는 대답을 하니 뭔가 한 대 얻어맞은 듯한 기분이었다.

선생님들 중에는 그렇지 않은 사람들도 있긴 했지만 대부분의 선생님들은 어려운 환경에서도 공부하고자 하는 제자들에게 따뜻하고 세심한 마음을 써 주었다. 2학년 때 담임선생님은 두 번이나 집으로 초대를 했고 어린 제자들이 직장에서 현명하게 처신할 수 있도록 조언을 많이 해주었다. 선생님의 조언 덕분에 인간관계에 관심을 갖게 되었고 당시 교과서 외의 책은 별로 읽지 않았던 내가 '카네기 인간관계론'을 사서 읽고 실천하기 시작했다. 이는 후에 내가 좋은 인간관계를 맺는 데 많은 도움을 주었다.

3학년 때 담임선생님은 일제시대 때 초등학교 선생님을 한 일어 과목 선생님으로 우리 학교에서 가장 연세가 많아 담임을 맡기 전까지는 우리들 사이에서 할머니 선생님으로 통했다. 우리반 담임이 된 후 첫 시간 칠판에 한문으로 '자존심'을 쓴 후 '스스로 자기를 존중하는 마음'이라며 자존심의 진정한 의미에 대해 한참을 설명했다. 선생님은 연세가 많아 잔무를 처리하려면 다른 젊은 선생님들에 비해 시간이 훨씬 많이 걸린다는 말씀을 종종했다. 그럼에도 졸업 후 몇십 년이 지날 때까지 만나면 반 아이들의 이름뿐만 아니라 번호까지도 외울 정도였고 새해를 앞두거나 제자들에게 특별한 일이 있으면 친필 편지로 마음을 전하곤 했다.

선생님은 각 분야에서 꿈을 가지고 꾸준히 노력하는 제자들을 위해 늘 기도하며 챙겼고 많은 아이들이 졸업 후에도 선생님을 존경하며 따랐다. 내가 대학을 졸업했을 때 내가 근무하던 지점으로 졸업 선물을 가지고 찾아왔고 해외 학술 연수 대상자로 선정되었을 때는 매우 기뻐하며 사무실 바로 앞까지 찾아왔다. 교회에 다니지 않던 나를 늘 안타깝게 생각하며 새해를 앞두고는 전도의 편지를 보내기도 했다. 내가 후에 홍콩에서 들어와서 가장 힘든 시간을 보낼 때 받은 편지는 당시에도 큰 위로였지만 지금까지도 볼 때마다 마음을 새로이 다지게 하는 것이다. 그 편지를 받은 후 코팅해서 회사 책상 옆에 붙여 놓고 힘들 때마다 읽으며 마음을 다잡곤 했었다. 편지에는 '인생은 인내다. 엉뚱한 곳에 행복의 가치를 두기 때문에 불행한 거라며 건강하고 밥 굶지 않으면 행복해야 된다'는 내용 등이 적혀 있었다.

선생님은 내 딸에게도 친필 편지와 책을 보내 주며 꿈을 격려해 줄 정도여서 "나의 사랑하는 책 비록 해어졌으나 어머님의 무릎 위에 앉아서.."로 시작되는 찬송가를 부를 때는 선생님이 떠오른다.

2019년 10월 내 첫 저서인 '걸음마 영어'를 출간하기 위해 출판사를 설립하면서 출판사 이름을 어떻게 지어야 할지 몰라 오랫동안 기도하며 생각했다. 기도 중에 문득 선생님 이름이 떠오르며 눈물이 쏟아졌다. 이 춘우(봄춘, 비우)선생님, 겨우내 얼었던 땅을 적시어 새싹을 돋아나게 하는 봄비 같은 선생님, 나도 선생님을 따라 꿈조차 꿀 수 없는 아이들에게 꿈의 길잡이가 되고 싶다는 소망을 담아 '도서출판 봄비'라고 이름을 지었다. 다행히 같은 이름으로 등록되어 있는 출판사가 없어서 바로 등록을 했다.

연세가 많아 귀가 어두워지고 음성도 예전 같지 않아 말하기 힘들어하는 것 같아 전화도 없이 책을 보내드렸는데 책을 받은 후 선생님이 기쁜 음성으로 전화를 했다.
"우리 손주들이 출판사 이름이 할머니 이름이란다. 축하 화분이라도 샀으면 좋겠다. 계좌 번호 알려줄 때까지 전화 안 끊을 거야"

마지못해 계좌번호를 말씀드린 후 얼마 있다가 송금이 왔고 며칠 후 기쁨과 사랑이 묻어나는 친필 편지가 도착했다. 이후 얼마 안 있어 선생님이 뇌경색으로 입원하게 되었다는 소식을 들었다. 그리고 몇 달 후 95세를 일기로 세상을 떠나셨다. 선생님이 연세가 있어서 어느 정도 예상은 하고 있었지만 소천하셨다는 소식에 마음 한구석이 텅 비는 것 같았다. 선생님 생전에 사랑과 존경의 마음을 표현할 수 있었음에 감사하면서도 한편으로는 다시 뵐 수 없다고 생각하니 하염없이 눈물이 났다. 더불어 마지막 통화에서 들었던 기쁨에 찬 음성이 들리는 듯했다.

어머니의 사랑을 늘 갈망하며 '주는 나를 기르시는 목자'를 부르며 자랐던 내게 선생님들의 사랑은 어머니의 사랑을 대신해 나를 채워줬던 것이었고, 선생님들의 사랑은 그렇게 내 삶의 원동력이 되었고 꿈이 되었다.

2 장

은행원으로 36년,
튼튼한 돈줄 절대로 놓을 수 없었다
그러다 은행은 내 꿈의 터전이 되었다

고맙고 고마운 서울은행

내 생애 가장 기뻤던 날, 고마운 사람들

어려서부터 경제적으로 많은 어려움을 겪고 여러 직장을 경험하다 보니 튼튼한 직장을 얻어 경제적인 안정을 이루는 것이 가장 중요하다고 생각하게 되었다. 심부름으로 은행을 자주 드나들다 보니 내가 원하는 완벽한 조건을 갖춘 직장이 은행이라는 생각이 들었다. 아침 일찍 출근해서 청소하는 일을 안 해도 되고, 눈이 오나 비가 오나 심부름을 다니는 것도 안 해도 되고, 월급 떼일 염려도 없고, 대학을 갈 수 없는 상황에서 친구들도 많이 사귈 수 있고 게다가 월급도 다른 곳보다 많은 것 같았다.

하지만 야간 전수학교 학생으로서는 입사시험 기회를 얻을 가능성조차 거의 없어 보였다. 실제로 대기업이었던 모 제과 채용공고를 신문에서 보고 지원서를 보냈지만 서류 전형조차 통과가 안되었다. 당시 기업 이미지를 새롭게 바꾸고 대대적으로 광고했던 모 은행 인사부장에게 편지를 보냈지만 아무런 소식도 없었

66

다. 머릿속이 은행에 들어가고 싶다는 생각으로 가득 차서 한 번이라도 기회를 얻을 수 있기를 수시로 간절히 기도했다. 만일 기회가 주어졌는데 내 노력 부족으로 기회를 놓치게 된다면 두고두고 후회가 될 것 같아서 취업 정보지에서 시험과목을 확인한 후 시험 준비를 했다.

2학기에 들어선 후 얼마 지나지 않아 기적처럼 서울은행(당시는 서울신탁은행이었으며 1996년에 행명 변경됨) 입사 원서를 받았다. 대기업으로서는 유일하게 서울은행에서 우리 학교로 원서 두 장을 보내왔다고 했다. 야간부에서는 은행 입사원서를 처음 받아봤는지 누구에게 줘야 하는가를 놓고 논의했다는 이야기도 들렸다. 은행은 외모를 가장 중요시하지 않겠냐는 의견도 있었다고 했다. 하지만 내가 은행을 들어가고 싶다고 노래를 부르고 다닌 데다 성적도 계속 1등을 유지해서인지 내게로 원서가 왔다.

시험 과목은 일반 상식과 작문이었는데 시험공부한답시고 한동안 뉴스나 신문을 전혀 보지 않아 정작 배점이 높았던 시사상식 1번 문제의 답을 쓰지 못했다. 당시 뉴스에 많이 나왔던 우리나라에서 처음 생산된 제트 전투기 제공호에 대한 문제였다. 배점이 컸던 주관식 문제를 틀리고 나니 다소 걱정이 되었다. 면접시험 준비는 관련 정보가 전혀 없었기에 은행에 대해 이것저것 알아보는 식으로 준비했다. 당시 서울은행 행화였던 튤립에 대해서도 알아보고 여러 지점을 방문하여 영업장을 살펴보고 객장에 비치된 사보를 자세히 읽었다. 면접을 여러 명이 한꺼번에 봤는데 내게는 "좋아하는 과목이 수학이네?" 하면서 수학 공식 하나를 물어보는 게 다였고 질문을 전혀 받지 않은 사람도 있었다. 면접 시험과 신체검사를 거친 후 합격자 발표가 나오기를 기다리는데 발표 예정일보다 거의 한 달 가까이 늦어져서 마음을 많이 졸였다. 예정일이 한참 지나도 연락이 없으니 혹시 떨어져서 연락이 오지 않는 건가 싶은 마음이 들 때도 있었다.

합격 소식은 회사에서 근무하는 도중에 찾아왔다. 너무 기뻐서 자리에 앉아있을 수가 없어 한국국악협회가 있던 2층 사무실에서 쪼르르 달려 내려와 마당으로 나왔다. 두 팔을 높이 들고 하늘을 보며 웃고 또 웃었다. 세상에 태어나 가장 기쁜 날이었고 모든 것을 다 이룬 듯한 마음이었다.

입사 서류를 준비하는데 주민등록번호에 오류가 있다고 했다. 주민등록을 옮기는 과정에서 오류가 발생한 것 같으니 주민등록번호를 처음 부여한 동사무소에 가서 확인을 받아오라고 해서 한국국악협회 직원에게 사실을 말하고 하루 휴가를 써서 6학년 때 살던 전주를 다녀왔다. 다음날 출근하니 같이 일하던 직원이 이사장이 내게 그만 나오라고 했다는 말을 전했다. 졸업 이후에도 계속 근무하기로 했는데 다른 곳으로 갈 준비를 하니 다소 배신감을 느낀 것 같았다.

68

당시에는 보증 보험 제도가 없어서 은행에 입사하려면 집을 가진 두 명의 신원보증인이 필요했는데 예상하지 못했던 일이라 막막했다. 신원보증을 부탁할 만한 가까운 친척이 없어서 이모가 "우리라도 집이 있으면 좋을 텐데.."하며 안타까워했다. 그런데, 국악협회 이사장님의 아드님, 즉 외가 오촌 당숙과 주인집 아저씨가 흔쾌히 신원보증을 해 줬다. 새로운 집으로 이사한 지 몇 달 되지도 않았음에도 막막한 상황이 되니 어머니가 주인댁 아저씨에게 부탁이라도 한 번 해보자 했다. 어머니가 주인집 아저씨를 만나는 동안 나는 방에서 간절히 기도하며 결과를 기다렸다. 기독교계 학교를 다녔어도 교회를 다니지는 않았는데 다급한 상황이 되면 늘 저절로 기도가 나왔다.

주인댁 아저씨는 우이동에서 오래 살아오면서 이모의 인품에 대해 잘 알고 있어 이모의 조카라면 믿을 수 있다며 신원보증을 서 주었다. 당시에는 내가 세상 물정을 잘 몰라서 그게 얼마나 어렵고 고마운 일인지를 잘 몰랐기에 다른 집으로 이사한 후 주인집 아저씨를 잊고 살았다. 하지만 나이 들어 생각하니 나라도 하기 힘들 일을 어떻게 그렇게 기꺼이 해 주셨을까 싶어 말할 수 없이 고마운데 한 번도 뵙지 못하고 연락이 끊긴 상태라 늘 죄송한 마음이 든다.

취직이 확정된 상태였으므로 3학년 겨울 방학 동안에는 편하게 놀았다. 당시 인기리에 방송되었던 '오늘의 요리'를 매일 보며 간단한 것은 직접 만들어 보기도 했다. 당시 이모가 합창단원으로 활동 중이었는데 수유 극장에서 있을 행사에 참석하면 이모네 합창단 공연도 볼 수 있고 돈도 받는다 했다. 가 보니 모 정당의 정치 행사였고 당 대표와 국회의원들의 연설과 이모네 합창단 공연이 있었다. 나는 극장을 꽉 채운 사람들 틈에 앉아 열심히 박수를 친 대가로 천원 권 신권 두 장이 들어있는 노란 봉투를 받았다. 돌아와서 어머니에게 이야기하니 이모네 합창단을 그 정당에서 후원한다고 했다. 여당도 아니어서 그 돈들이 도대체 어디서 날까 싶었다.

이 세상에는 위대한 진실이 하나 있어
무언가를 온 마음을 다해 원하면, 반드시 그렇게 된다는 거야
무언가를 바라는 마음은,
곧 우주의 마음으로부터 비롯됐기 때문이지

자네가 무언가를 간절히 원할 때 온 우주는
자네의 소망이 이루어지도록 도와준다네

　-파울로 코엘료의 연금술사에서-

은행, 평생 다니면 안될까요?

1983년 2월에 신입행원 연수가 있었는데 기간은 채 2주가 안 되었던 것 같다. 연수원이 청운동 골목 꼭대기에 있어 버스에서 내려 한참을 걸어 올라갔는데 예전에 요정으로 사용되던 건물이라고 했다. 채용 인원이 많아 세 차례로 나눠서 연수와 발령을 진행한다고 했는데 우리 기수는 200여 명으로 두 반으로 나뉘어 있었다. 신입들은 한 학교에서 몇십 명씩 온 경우도 꽤 있었는데 한 학교에서 한 명만 온 경우는 나 혼자였다.

당시에는 지금처럼 은행에서 다양한 상품을 취급하지 않았기에 업무 연수는 예금 관련과 돈 세는 연습이 주였다. 돈 세는 연습은 강사가 지폐 한 다발에서 몇 장을 뺀 후 연수생에게 주고 연수생이 주어진 시간에 몇 장인지를 세어 맞추는 식으로 평가를 했는데 부채처럼 옆으로 활짝 펴서 돈을 세는 방법은 은행원만이 할 수 있는 전문 기술을 익히는 듯한 느낌이었다. 오래전 일이라 수업 내용은 전혀 생각나지 않지만 인상적인 장면은 아직도 어제 일처럼 생생하다. 노조위원장은 '선구자'를 부른 후 강연을 시작했고 강사 중 한 사람은 강의실에 들어오자마자 아무 말 없이 칠판 한 귀퉁이에 시를 썼는데 '젊은 시간의 쓰임새에 달렸거니' 구절이 확 들어왔다. 시에 대한 부연 설명 없이 바로 수업을 진행했기에 오랜 시간이 흐른 후 인터넷을 통해 조회해 보고 그 시가 유달영 님의 '젊은 하루'라는 것을 알았다. 외부 교수로 기억되는 여자 강사는 여자도 경제력이 있어야 무시당하지 않고 제대로 대우 받고 살 수 있으니 평생 경제활동을 해야 한다고 했다.

여직원은 입행할 때 결혼하면 퇴직하겠다는 각서를 쓰던 제도가 폐지된 지 몇 년 안된 때였는데 연수를 시작한 후 얼마 안 돼 앞으로 은행을 몇 년 동안 다닐 계획인지 써 내라고 했다. 주위를 돌아보니 대부분 2~3년, 길어야 5년으로 쓰고 있었는데 나는 어렵게 잡은 튼튼한 돈줄을 놓는다는 것을 상상도 할 수 없었다. '평생'이라고 쓰고 싶어 한참을 망설였는데 그렇게 쓰면 안 될 것 같아 고민하다가 어쩔 수 없이 10년을 써냈다.

당시 서울은행은 대졸 행원은 거의 남자 위주로 채용했고 고졸 행원은 남자와 여자를 비슷한 비율로 통상 한 해에 총 300~400명 정도 채용했던 것 같다. 그런데 유일하게 우리 기수는 여자는 600명 가까이나 되었던 반면 남자는 스무 명 정도밖에 되지 않았다. 난 당시 서울은행에서 왜 정규 학교가 아닌 전수학교에까지 원서를 보냈는지, 왜 남직원은 적게 뽑고 여직원만을 그렇게 많이 채용했는지.. 늘 궁금하고 감사했다.

새내기 은행원,
쉬는 날에도 은행에 나오고 싶었어요

2주 정도의 연수를 마친 후 본점 강당에서 사령장을 받았다. 입행 동기 중 처음 만났던 친구와 종암동 지점으로 같이 발령을 받게 되었다. 연수원에 입소하던 날 광화문에서 청운동 행 버스를 같이 기다렸던 친구였다. 나는 몰랐었는데 면접시험도 같이 봤다고 하니 특별한 인연이구나 싶었다. 종암동 지점에선 먼저 입사한 남자 동기 한 명이 근무하고 있었다. 이후 4월 발령으로 두 명이 더 추가되어 종암동 지점에 우리 동기만 다섯 명이 근무하게 되었다. 대학을 못 들어간 나에겐 기대했던 대로 직장에서 만나게 된 또래가 많아지니 좋았다.

처음 한 달은 출납실에서 출납 주임과 함께 출납 보조로 일했다. 당시에는 현금 취급이 매우 많아 은행 영업점 한쪽에 별도의 공간으로 출납실을 두고 있었다. 출납실에서는 영업시간 중에는 주로 고객들에게 돈을 교환해 주는 일을 하고 영업점 문을 닫은 후에는 각 창구 직원들이 넘겨주는 돈을 받아 확인하고 세는 일을 했다. 한 달 정도 지났을 때 동기와 함께 입출금 창구로 정식 배치를 받아 나보다 여섯 살 위인 여자 선배 옆자리에서 일하게 되었다. 옆자리의 선배는 야간 대학을 다니며 행원 전환시험도 준비하고 있었는데 매우 당당하고 멋져 보였다. 나도 나중에 전환시험을 볼 수 있는 연차가 되면 시험을 봐야겠다 다짐했다.

입사 후 몇 달 동안은 쉬는 날에도 은행에 나오고 싶을 정도였다. 선배들은 늘 싱글벙글 웃고 다니는 나를 보고 뭐가 그리 좋으냐고 물었다. 일이 끝나면 주로 동기들과 지점 옆에 있는 시장에서 떡볶이 등으로 저녁을 먹고 밤늦게까지 어울렸다. 동기 중 한 명이 공과금 수납 업무를 했는데 마감을 하고 보니 받은 현금과 계산이 맞지 않아 동기들이 함께 지점에서 밤을 지새운 적도 있었다. 틀린 돈을 찾다 보니 통금 시간이었던 자정을 넘기게 되어 지점 안에 갇혀버리게 되었다. 집에서는 설마 그런 일이 있는 줄 모른 채 밤새 애타게 기다렸고 그 일로 인해 집에 전화기를 설치하게 되었다. 동기 중 한 명은 한 음악다방 DJ를 가수 조용필을 닮았다고 좋아했는데, 그 이유로 동기들끼리 업무가 끝난 후 그 DJ가 일하는 다방에 가는 날이 많았다. 다방에 가면 10시에 폐점을 알리는 "지금은 우리가 헤어져야 할 시간, 내일 또 만나요~" 노래가 나올 때에야 마지못해 다방을 빠져나오곤 했다. 동기들과 함께 하는 시간은 즐겁기 그지없었지만, 헤어져 집으로 향하는 버스 의자에 기대앉아 차창 밖을 바라보고 있노라면 알 수 없는 허전함이 밀려오곤 했다.

오로지 대학 졸업장을 받기 위해

공채를 통해 은행에 들어왔지만 전수학교 출신에 대한 편견을 마주할 때가 많았다. 직원들은 처음 만나 인사를 하면 꼭 어느 학교 나왔냐는 질문을 가장 먼저 했다. 그리고 "OO여상 나왔으면 일 잘하겠네" "OO여상 나왔어? 누구누구도 OO여상 나왔는데" 하는 식으로 이야기가 이어졌다. 그런데 내가 "청산 여상 이예요" 하면 어색한 침묵이 흐르고 이야기가 끊겨 버렸다. 심지어는 "너 빽으로 들어왔지?" "학교 다닐 때 공부는 안 하고 어지간히 놀았는가 보네" 하는 사람도 있었다. 이전 직장에서는 겪어보지 못한 상황을 수시로 겪다 보니 내 스스로가 움츠러드는 것 같았다.

당시에는 동일 계 전형 제도가 있어 실업계 학교에서 재수를 하지 않고 바로 대학에 지원할 경우 대학 진학이 비교적 유리했다. 그래서 선생님이나 주위 사람들로부터 종종 대학 진학 권유를 받았지만 나로서는 경제적인 안정이 우선이었기에 대학 진학은 나와는 거리가 먼 일이었다. 그런데 은행에서 계속해서 편견을 마주하게 되니 좀 더 나은 학력을 갖춰야겠다는 생각이 들었다.

대학에 가겠다고 하니 어머니는 "네가 은행을 다니게 되어 이제야 형편이 좀 나아지나 했다"라며 울고 바로 위 언니도 "너만 생각하냐? 왜 그리 이기적이냐?"라며 타박했다. 당시 어머니는 식당에서 일하고 언니들도 회사에 다니고 있었지만 모두 월급이 매우 적었고 공부 중인 두 남동생들이 있으니 생활이 늘 쪼들렸다. 하지만 막상 공부를 시작하니 가족들 모두 내가 대학에 진학할수 있기를 바랐다. 어머니는 학력고사 시험일 며칠 전에 '돌아가신 아버지가 어머니에게 수표를 줘서 보니 수표 뒷면에 내 도장이 선명하게 찍혀 있는 꿈'을 꿨다고 했다. 만일 내가 대학에 들어가지 않았다면 남동생 대신 집안의 기둥이 되어야 한다는 생각은 안 했을 것 같다.

1984년 초에는 종암동 지점에만 대학입시를 준비하는 직원이 아홉 명이나 되었다. 당시에는 은행에서 상업고등학교 졸업생은 초급 행원, 대학교 졸업생은 중견 행원으로 구분하여 채용했는데 외환업무를 취급하지 않는 변두리 지점은 초급 행원으로 입사한 사람들이 대부분이었다. 당시만 해도 집안 형편이 안 좋아 어쩔 수 없이 상업고등학교를 택한 경우가 많았기 때문에 은행에 들어온 후 야간 대학에 다니는 경우가 흔했다.

나는 예금 입출금 창구에서 근무했으므로 6시경에는 업무를 마칠 수 있어서 7시에 시작하는 대입 종합반 학원을 다닐 수 있었다. 학원이 신설동에 있어서 종암동에서 그리 멀지 않았기에 새벽에 한 시간을 수강한 후 출근해서 일을 하고 다시 학원에 가기를 반복했다. 아침저녁 식사는 대부분 노점에서 파는 계란 토스트와 커피였다. 저녁에 학원 수업을 마치고 버스를 타면 잠이 쏟아져서 종점까지 갈 때가 종종 있었는데 다행히 집까지는 한 정거장만 되돌아 걸어오면 되었다. 잠을 적게 자기 위해 재래식 부엌에 밥상을 놓고 공부했고, 학력고사 한 달 전에는 퇴근 후 두세 시간 정도 눈을 붙인 후 꼬박 밤을 새웠다. 그래도 젊고 긴장을 많이 해서인지 시험을 몇 달 앞두고는 전혀 피곤함을 느끼지 않았다. 같은 과정을 다시는 반복할 수 없을 것 같아 전력을 다했다.

　종암동 지점 내에 학력고사를 준비하는 직원이 너무 많아서 은근히 걱정이 되었었는데 막상 학력고사 일이 되었을 때는 지점에서 나 혼자만 시험을 봤다. 시험을 준비했던 직원들이 다른 지점으로 발령 나거나 중도에 포기했기 때문이다. 학력고사 시험일에 시험장에 매우 일찍 도착해서 교실에 한참을 혼자 앉아 있었다. 다행히 긴장도 되지 않고 편안한 마음으로 시험을 치른 덕분에 모의고사를 볼 때보다 학력고사 점수가 훨씬 높게 나왔다. 공부보다는 졸업장 취득이 목적이었으므로 당시 야간대학으로서는 합격 점수가 높고 공부하기가 수월할 것 같은 성균관대학교 회계학과에 지원했다. 은행 영업시간 중에는 전화 사용이 자유롭지 않아서 바로 위 언니에게 합격 확인 전화를 하도록 부탁했는데 떨어진 것으로 확인해 줬다. 나는 내 눈으로 직접 확인하지 않고는 불합격했다는 것을 믿을 수가 없어서 업무가 끝나자마자 학교로 갔다. 교문을 들어서자 길 왼쪽을 따라 합격자 명단이 쓰인 하얀 종이가 쭉 붙여져 있었다. 날이 이미 어두워져 학교 교정에 아무도 없던 상황에서 나는 합격자 명단에서 내 이름을 발견하고 기쁨과 감사의 눈물을 흘렸다. 언니가 전화로 합격자 명단을 확인했을 때 아마도 주간 명단에서 확인해 준 것 같았다.

　지점 회식도 빠지지 않는 등 공부하는 내색을 전혀 하지 않았으므로 지점장이 합격 소식을 듣고는 깜짝 놀랐다. 기특하다는 말을 여러 번 하며 "어느 지점 보내줄까?" 하고 물어봤다. 내 마음 속에서는 '혜화동 가고 싶어요'라고 말하고 있었지만 당시 나는 속마음을 솔직하게 표현하는데 익숙하지 못했기에 "괜찮아요"라는 말이 입 밖으로 나왔다. 얼마 후 정기 인사이동으로 집과 가까이 있던 수유동 지점으로 발령을 받았다. 하지만 학교와의 거리는 더욱 멀어졌고 당시 수유동 지점은 전국에서 가장 바쁜 지점으로 손꼽히던 지점인 지라 '그때 혜화동 보내 주세요 할걸..' 하며 얼마나 많은 후회를 했는지 모른다.

지점장은 당시로서는 매우 드물게 미국에서 MBA 과정을 마친 사람으로 새롭고 신선한 시도들을 많이 했다. 직원 개개인과 수시로 일대일 대화를 하며 칭찬과 격려를 해줌으로써 직원 각자가 지점장에게 특별히 인정받고 있다는 느낌을 갖게 했다. 특히 여직원의 경쟁력이 은행의 경쟁력이라는 말을 하며 은행원으로서 자긍심을 갖고 고객에게 최상의 서비스를 제공하도록 유도했다. 기존 고객의 소중함을 스스로 느끼게 하기 위해 지점 인근에 있지만 은행 거래가 전혀 없는 사람들을 대상으로 100원짜리 신규 계좌를 개설해 오도록 하기도 했다. 거래가 전혀 없는 사람인 경우 단순히 계좌 만을 개설하는 것도 얼마나 어려운 일인지를 스스로 깨닫게 하여 거래 고객에게 최선을 다하도록 하기 위함인 것 같았다. 매일 아침 업무 시작하기 전에 전 직원이 빈 객장을 향해 인사를 한 후 함께 행가를 힘차게 불렀다.

"우리는 자랑스런 경제의 일꾼, 산업의 동맥 구실 보람에 찼다.."

혜화동 지점 보내달라고 할걸..
말 못 해서 말 못 할 고생을 하다

　당시에는 ATM 같은 자동화기기도 없고 주변에 다른 은행도 없었기에 수유동 지점은 항상 객장에 손님들이 넘쳐나서 때로는 건물 밖에까지 줄을 설 정도였다. 게다가 간부 직원들 중에는 부하 직원들을 심하게 차별하고 인격을 무시하는 직원들도 있어서 근무 분위기도 살벌했다. 서울은행이 시중은행 중 최초로 창구 단말기를 도입한 지 얼마 안된 터라 전산 용량이 부족해서인지 영업시간 중에 갑자기 전산 작동이 안 되는 경우도 종종 있었는데, 그럴 때면 수작업으로 처리를 하다가 전산이 회복되면 다시 온라인 처리를 해야 해서 더욱 혼잡했다.

　그러한 상황에서 야간대학을 다니려니 항상 마음이 조마조마하며 살얼음 위를 걷는 것 같았다. 야간대학에서는 대부분의 학생들이 직장 생활과 학업을 병행할 줄 알았는데 예상과는 다르게 직장 생활을 하는 학생들이 많지 않았고, 내가 과연 주경야독으로 수업을 따라갈 수 있을지 걱정이 되었다. 어렵게 들어간 학교를 포기할 수도 없는 노릇이었고 그렇다고 은행을 퇴직하자니 당장 다음 학기 등록금이 걱정이었다.

하루는 아침에 지점 안으로 들어오는데 따귀 때리는 소리가 크게 들렸다. 나와 같은 파트에서 일하는 남자 직원이 전날 장부 작성을 잘못했다고 직속상관으로부터 맞은 것이었다. 당시 폭력을 행사했던 상관은 돌들을 데리고 일하려니 힘들다며 부하직원들을 늘 무시하고 걸핏하면 소리를 지르던 사람이었다. 맞았던 남자 직원은 새로운 직장을 구하지 않은 상태에서 일단 쉬고 싶다며 몇 달 후 퇴사를 하고야 말았다. 때마침 중학교 동창인 친구가 보험 영업을 함께 하자고 자주 찾아오곤 했던지라 솔깃했던 나는 어머니에게 은행을 그만두고 보험 영업을 하겠다 하였고 이에 어머니는 펄쩍 뛰며 반대했다. 매일 아침 집을 나오면서 오늘은 사표를 써야지 마음을 먹었지만 차마 실행에 옮기지 못하며 지냈다.

다행히 여름 정기 인사이동으로 지점장, 부지점장, 중간 책임자 등 윗사람들 위주로 직원들이 다수 교체되면서 지점의 분위기가 완전히 달라지게 되었다. 같은 파트에서 일하던 동기가 발령 소식을 먼저 듣고 퇴근하기 위해 탈의실로 들어오며 "와~ 샤워한 기분이다"라며 소리를 지르며 소식을 알려줬다. 인사이동으로 인해 지점 직원 간에도 업무 이동이 있어 업무를 가장 일찍 마칠 수 있는 예금 입출금 파트에서 근무하게 되었다. 영업시간 중에는 늘 통장을 가득 쌓아놓고 일하며 월요일과 토요일은 점심을 제대로 못 먹을 정도로 바빴지만 퇴근은 비교적 빨리할 수 있었다.

지점장이 거래처에서 내 칭찬을 많이 듣는다며 나를 배려해 주고 격려했지만 함께 일하는 직원들에게는 늘 미안했기에 내가 가장 먼저 출근해서 직원들의 책상을 닦았다. 그런데 하루는 나보다 세 살 위였던 여직원이 지갑을 분실하고 나를 의심했다. 저녁에 탈의실에 분명히 놓고 간 것 같은데 아침에 와서 보니 없어졌다며 가장 일찍 출근한 나를 범인으로 몰아 추궁했다.
"억울하게 살인죄를 뒤집어쓰고 감옥살이하는 사람도 있을 수 있다. 네가 억울할 수도 있지만 나는 지금 너를 의심 안 할 수 없다"

 그 여직원은 평소에도 언변이 좋아서 여직원들을 자기 뜻대로 선도하는 경향이 있었는데 전화 교환실에 여러 여직원들이 모여 아예 나를 범인이라고 단정 짓고 수군거리는 상황에까지 이르렀다. 나는 너무 기가 막힌 상황을 대하게 되니 아무 말도 할 수 없었고 눈물만 나왔다. 당시 같이 근무하던 동기 직원이 선배에게 어떻게 그럴 수 있냐며 대차게 따졌다. 그 친구 덕분에 선배가 잘못을 사과하고 사건이 마무리될 수 있었다. 그 친구도 당시 야간 대학을 다녔는데 나이에 비해 매우 어른스럽고 사려 깊은 친구였다.

 그 당시만 해도 여자는 상가에 가는 것이 아니라는 소리를 들었던 때라 상가에 가면 안 되는 줄 알고 그 친구가 부친상을 당했을 때 가보지 못했던 게 참 미안하다. 어려운 순간에 내 손을 굳게 잡아 준 친구인데 IMF 사태를 겪는 와중에 퇴직을 했고 지금은 연락조차 끊겨 어디서 어떻게 지내고 있는지 나이가 들어갈수록 더욱 고맙고 보고 싶은 친구이다.

일명 성 전환 시험으로 불리던 행원 전환시험

수유동 지점에서 명륜동에 있는 성균관대학교로 가자면 버스를 타고 한참을 가야 했는데 특히 지하철 4호선 공사로 길음동과 돈암동 사이에서 차가 옴짝 달싹을 못할 때가 많았다. 돈암동만 지나면 명륜동 정류장까지는 바로 도달했기에 돈암동 사거리에 있는 돈암동 지점을 보며 '돈암동 지점에만 근무해도 얼마나 좋을까..' 하는 생각을 늘 했다.

3학년 2학기를 앞둔 여름 정기 인사발령을 통해 드디어 돈암동 지점에 근무할 수 있게 되었다. 나는 당시 스물네 살, 같이 발령받은 여직원은 스물두 살이었는데 지점장이 처음 대면하는 자리에서 다른 말없이 오직 결혼 여부만 물어봐 의아했다. 나중에 알고 보니 인사발령이 있기 전에 지점장이 인사부에 기혼 여직원을 미혼 여직원으로 교체해달라는 요청을 했던 것이었다.

지점장은 군 간부였는데 부대에 갑자기 사고가 발생해 전역을 하게 된 바람에 돈암동 지점장으로 오게 되었다고 했다. 그래서 인지 직원 회의 시간에는 다른 이야기는 안 하고 오로지 은행은 본인이 사고만 치지 않으면 정년이 보장되는 직장이니 사고만 치지 말라는 말만 반복했다. 지점장은 거의 말이 없었고 영업시간 중에는 하루에 한두 번 2층 지점장실에서 1층 영업장으로 내려와 소파에 한두 시간씩 앉아있다가 올라가기를 반복했다.

당시에는 상고 졸업생들은 같은 시험을 치르고 은행에 들어와도 남자 직원은 행원, 여자 직원은 여행원으로 구분되어 직급과 보수면에서 차이가 컸다. 매일 출근하면 도장을 찍던 출근부 명단이 직급 순위대로 되어 있었는데 남행원 신입 이름이 여행원 최고참 이름 위에 놓여 있었고, 비록 공식적인 직함은 아니었지만 남행원은 주임이라 불렸던 반면, 여행원에 대한 별도 호칭은 없었다.

나는 입행 초기부터 전환시험 응시 계획을 가지고 응시자격이 되기만을 기다려왔기에 시험 응시 6개월을 앞두고 24세 겨울부터 '행원 전환시험'을 준비하기 시작했다. 업무 관련 공부를 하다 보니 퇴근해서도 근무의 연속이었고 전환시험이 떨어트리기 위한 시험이라는 소문도 있었기에 완벽하게 준비해 한 번에 합격해야겠다는 생각이 들었다. 시간을 절약하려 학교 앞에서 자취를 하면서 대입 시험 준비하듯이 공부한 결과, 일반 상식 과목은 모르는 문제가 더러 있었지만, 업무 관련 과목은 정답을 거의 다 맞출 수 있었다. 전환시험을 한 번에 합격하는 경우는 드문 경우라며 주위 사람들이 많이 놀라워했다. 얼마 후 행원 발령을 받게 되어 출근부에 내 이름이 남행원 이름 사이로 들어갔고, 발령 후 받은 분기별 상여금은 5년 이상 근무에 따른 급수 승급 인상분까지 반영되어 30만 원에서 45만 원으로 뛰어 있었다.

가난한 자의 가장 큰 슬픔은 사람대접을 못 받는 것

스물다섯 살 여름에 있었던 정기 인사이동에서 군인 출신 지점장이 본점으로 가고 새로운 지점장이 부임하게 되었다. 새 지점장은 부임과 동시에 돈암동 지점에 양도성정기예금 30억원을 예치했으며 그가 명동 유명 빌딩 건물주라는 소문이 돌았다. 얼굴과 손이 아기 피부처럼 희고 고와서 직원들이 보약을 많이 먹어서인 것 같다고 했다. 부임 후 첫 회의에서 본인을 소개하기를 나는 너희들과는 달라서 승진 시험을 한 번도 보지 않았지만 지점장이 되었다고 했다. 너희들 능력으로는 밖에서 예금 천만 원도 못 가져올 거라는 소리를 하며 직원들의 인격은 아예 존재하지 않는 듯 행동했다. 영업시간 중에 손님들이 많이 있어도 아랑곳하지 않고 직원을 향해 소리를 지르는 통에 설마 지점장일 거라 생각 못 하는 손님들이 저 손님 왜 저러냐고 할 정도였다. 여자 직원들보다 남자 직원들을 더 함부로 대해서인지 남자 직원 중에는 소리 내어 흐느끼는 사람도 있었다.

이에 직원들끼리 모여 '고양이 목에 방울을 어떻게 달 수 있을까?'와 같은 회의를 몇 번 했지만 임원들과 심지어는 노동조합마저 지점장의 돈에 매수됐다는 이야기를 들으며 우리가 참고 견디는 수밖에 없다는 결론으로 끝이 났다.

당시 나는 갓 입행한 신입 직원과 함께 예금 상담 파트에서 일하고 있었는데 하루는 신입 직원이 신탁계좌 개설 조회서를 잘못 출력해 주는 바람에 전표를 다시 작성했다. 내가 잘못된 전표를 찢어 휴지통에 버리는 것을 뒤에서 본 지점장이 내가 일을 몰라서 전표를 다시 작성했던 것으로 오해해 큰 소리로 야단을 쳤다. 그것으로 끝난 줄 알았는데 그날 저녁 술에 취한 채 지점으로 돌아와 직원들이 모두 엉망이라며 다 모이라고 소리를 쳤다. 직원들을 모두 세워둔 채 술에 취한 상태에서 마이크로 있는 힘껏 소리를 지르며 두 시간이 넘도록 했던 말을 반복했다. 나는 더 이상 참지 못하고 지점장이 오해한 것이라고 했는데도 그치질 않아 차라리 저만 혼내라고 대들었다. 모든 직원들이 깜짝 놀랐고 지점장은 미꾸라지 한 마리가 온 방죽을 휘젓는다며 한차례 나를 더 혼내더니 퇴근을 했다.

그 사건 이후 지점장을 두려워한 직원들이 행여 지점장 눈에 거슬릴까 봐 나와 거리를 두는 바람에 외톨이가 되었다. 내 바로 위 상사는 2층에 있던 지점장실 가까이 근무하게 되었는데 지점장에게 부하직원 교육 잘못시켰다며 한동안 시달려야 했다. 심지어는 지점장이 갑자기 유리 재떨이를 던져서 재빨리 피했지만 눈

부위를 다치기까지 했다. 갑자기 변해버린 지점 사람들과 공포 분위기 속에서 근무하자니 하루하루가 지옥 같았다.

당시 나는 수돗물이 나오는 화장실과 싱크대가 갖춰진 방 두 개의 반지하 집으로 이사 온 것만으로도 감사해하고 있던 때였다. 겉으로는 늘 밝고 당당했지만 집안 사정을 들키기 싫어 누구하고도 마음을 완전히 열지 못하고 지냈었다. 정에 약한 성격이어서 사람을 사귀다 헤어질 경우 상처를 감당할 자신이 없어 특히 이성에게는 마음의 문을 더 굳게 닫고 있었다.

부모 잘 만나 노력은커녕 마음대로 행동하며 살아왔음에도 지점장이 되어 군림하고 있는 사람 밑에서 처절하게 짓밟히는 상황이 되니 비참한 마음이 들었다. 가정환경으로 인해 슬프다는 생각은 안 했었는데 만일 좋은 환경하에서 같은 노력을 했으면 지금 내가 이런 상황에 처해있지는 않았을 거라고 생각하니 걷잡을 수 없는 슬픔이 밀려왔다. 대학 졸업을 앞두고 있었기에 졸업과 함께 새로운 삶을 시작하게 될 대학 동기들과도 비교가 되었다. 게다가 서로 호감이 있었음에도 가정 환경 차이를 극복할 자신이 없어 거짓말로 사람을 밀어낸 후라 더욱 힘들었다.

당시 지하철 4호선이 막 개통되었는데 달려오는 전철을 보면 뛰어내리고 싶은 충동이 일었다. 내면의 아픔이 얼굴로 나타나면서 얼굴 모공이 하나도 성한 데가 없을 정도로 여드름이 온 얼굴을 덮기 시작했다. 당시에 '집시 여인'이 크게 유행했는데 밤에 사무실에 앉아 일을 하다가 창문 밖 불빛을 멍하니 바라보고 있을 때 집시 여인이 들렸다.

'그댄 외롭고 쓸쓸한 여인
끝이 없는 방랑을 하는
밤에는 별 따라, 낮에는 꽃 따라, 먼 길을 떠나가네
때로는 고독에 묻혀있다네
하염없는 눈물 흘리네
밤에는 별 보며 낮에는 꽃 보며, 사랑을 생각하네'

노래 가사처럼 내 볼 위로 뜨거운 눈물이 하염없이 흘러내렸다.

새로운 다짐, 영어공부를 시작하다

힘을 가진 사람으로 인해 보통 사람의 인격이 처절하게 짓밟힐 수 있다는 것을 경험하게 되니 다시는 이러한 상황을 겪지 않겠다는 다짐을 하게 되었다. 특히 내 자녀는 내가 겪는 이러한 상황을 절대 경험하게 해서는 안 된다는 생각을 했다. 내가 열심히 달려서 도달한 지점이 내 자녀 인생의 출발점이라는 생각을 하며 자녀에게 든든한 발판을 마련해 줄 수 없다면 차라리 결혼하지 않겠다는 생각까지 하게 되었다. 현실적으로 결혼이 쉽지 않겠구나 생각하니 영어를 잘하면 활동 반경을 넓힐 수 있어 덜 외롭게 살 수 있을 것 같았다. 대졸 직원과 비교할 때 상대적으로 부족했던 영어실력을 갖추면 은행 내에서도 경쟁력이 있겠다는 생각이 들었다. 영어 과목 과락 점수 때문에 공인회계사 공부는 시도도 못해봤기에 다시는 내 인생 항로에 영어가 걸림돌이 되어서는 안 된다는 생각도 했다.

중학교 다니는 동안 참고서 한 권 살 수가 없었으므로 영어 공부가 참고서 없이는 공부하기 어려워지면서 영어 공부에 흥미를 잃기 시작했고, 상업학교에서는 시험에 나올 것을 거의 다 알려주는 수준이었기에 영어를 오랫동안 놓은 상태였다. 당시는 학력고사에서도 영어가 필수과목이 아니어서 영어 대신 일어를 선택했고 대학교 교양영어는 겨우 F학점만 면했던 수준이었기에 아예 기초부터 다시 시작해야 했다. 돈암동 지점 옆에 작은 학원에서 영어를 처음 접하는 열명 남짓한 예비 중학생들 틈에 앉아 기초 영문법 교재로 영어를 새롭게 시작했다.

영어가 공부가 아닌 생활의 일부가 되어야 영어 실력이 지속될 수 있을 것 같아서 동시통역사 수준의 영어실력을 갖추는 것을 목표로 했다. 공부를 하지 않으면 깊이를 알 수 없는 깊은 수렁으로 빠져버릴 것만 같았기에 TV 시청을 포함한 모든 문화생활을 접어두고 필사적으로 영어공부에만 매달렸다. 영어실력이 향상되면서 차츰 우울감에서 벗어나고 '상록수'와 ABBA의 'I have a dream(나는 꿈이 있어요)을 주문처럼 늘 듣고 부르며 새로운 꿈을 꾸게 되었다.

'서럽고 쓰라린 지난날들도 다시는 다시는 오지 말라고, 땀 흘리리라, 깨우치리라..'

'나는 꿈이 있어요, 부를 노래가 있어요. 어떤 일이든 헤쳐나갈 수 있도록 도와주는..'

본점 근무, 특수영업부는 특수한 사람들만?

스물여섯 살 봄에 본점 특수영업부로 발령을 받게 되었다. 통상 1월과 7월에 정기 인사이동이 있고 수시 발령은 거의 없던 때였는데 갑자기 돈암동 지점에서 빠져서 특수영업부에 추가된 것이었다. 당시 험악한 지점 분위기 속에서 체력마저 극도로 약해진 상태로 하루하루를 힘들게 버티고 있던 상황이었기에 사지에서 구출된 느낌이었다.

특수영업부는 재무 상태가 어려운 기업 거래처들을 모아 특별 관리하는 부서였는데 지점과는 완전히 다른 분위기였다. 수십 명이 근무하고 있었지만 가끔씩 통화하는 소리만 날뿐 매우 조용해서 손님으로 북적이던 지점과 너무 대비되었다. 직원 몇 명씩 팀을 이뤘고 팀별로 몇 개씩 거래 기업을 관리했는데 담당하는 기업의 상태에 따라 업무량 차이가 많이 났다. 특수영업부 부임 초기에는 내가 담당하게 된 기업들이 연체 상태여서 한동안 거의 할 일이 없었다.

60명이 넘는 직원 중에 여직원은 열 명도 되지 않았는데 여자 선배 중 한 명이 "어떻게 이렇게 좋은 로열 박스로 들어왔어?"하고 물었다. 당시 본점 부서는 타자 칠 일이 많은 외환업무실을 제외하고는 남자 직원들 위주였고 여직원은 각 부서별로 많아야 대여섯 명 정도로 보조적인 역할을 담당하고 있었다. 내가 특수영업부에 근무한 지 1년 정도 지났을 때 40대 초반의 여자 선배가 발령받아 오게 되었는데 본인은 오래전에 본점에 들어온 후 한 번도 지점 근무를 하지 않고 여러 부서를 거쳤노라며 본인의 비법을 알려줬다.
"꼿꼿이해서 임원님들 자주 찾아뵙고 발령 시기가 다가오면 저 발령 날 때 되었으니 좋은 곳 보내주세요 하면 돼"

그 선배는 6시만 되면 본인의 일이 남아있더라도 남자 직원에게 떠넘기고 퇴근할 정도였는데 특수영업부에 근무한 지 채 1년이 되지 않아 결혼을 하고 마침 은행에서 명예퇴직을 실시하게 되어 퇴직했다.

특수영업부로 발령받은 지 한 달 정도 되었을 무렵 본점 건물

내 다른 층으로 파견 발령을 받았다. 은행을 비롯한 금융회사들이 새롭게 많이 생길 때였는데 지방 도시 다섯 곳에 투자신탁회사를 신설하게 되면서 서울은행 사무실을 설립준비 공동사무실로 쓰게 되었다. 몇 개 신설회사의 기획담당 직원들이 와 있었고 나는 다른 여직원 한 명과 함께 사무 보조원으로 투입되었다. 투자신탁부가 향후 거래처 확보 차원에서 사무실과 지원인력을 제공했기 때문인데 나는 당시로서는 흔하지 않았던 사무용 PC를 사용해 문서 작성하는 일을 주로 했다. 거기서 각 지방투자신탁회사 사장으로 내정된 다섯 명을 가까이서 본 후 나도 열심히 해서 사장을 했으면 좋겠다는 생각을 하게 되었다.

'책임자 고시'라고 불렸던 책임자 승진 시험

당시에는 은행에서 출근시간에는 통근버스를 운영했고 내가 살던 우이동에서도 통근버스를 탈 수 있었다. 본점에 근무하게 된지 한 달여쯤 되었을 때 차 안에서 갑자기 통증이 심하게 와서 식은땀을 흘리고 거의 기진맥진한 상태가 되어 은행 의무실로 직행했다. 당시 승진 시험이 있기 며칠 전이어서 버스에 탄 사람들이 내가 공부를 너무 열심히 해서 과로로 쓰러진 것으로 오해를 했던 것 같다. 승진 시험일이 지난 후 엘리베이터 안에서 만난 다른 부서 직원이 "시험 잘 봤어요?" 하고 물었다. 나는 당시 승진 시험을 볼 수 있는 연차가 안되었기에 아직 시험 치를 자격도 안 된다고 말하니 "승진 시험공부를 너무 열심히 해서 쓰러졌다는 소문을 들었는데 우리 부서 사람들이랑 다른 아는 사람들에게 아니라고 이야기해야겠네" 했다. 나는 그때 '내가 직접 듣거나 눈으로 확인한 사항이 아닌 남으로부터 들은 이야기는 사실이 아닐 수 있으니 다른 사람에게 전달하면 안 되겠구나' 하는 생각을 했다.

파견근무가 몇 달 후 종료되면서 나는 다시 특수영업부로 복귀하였다. 이전 지점에서는 취급하지 않아 배울 기회가 없었던 수출입 관련 업무를 배우게 되었고 업무량도 많아지게 되었다. 몇 개월 후 미혼이고 상대적으로 나이가 어려서인지 가장 늦게 끝나는 파트에서 일하게 되었다. 거래처 중 한 곳은 매일 가까스로 부도를 면하는 상황이었는데 매일 청구되어 온 당좌수표와 어음 결제자금을 다른 은행에서 겨우 대출받아 밤늦게 가져오는 일이 반복되었다. 늘 어음, 수표에 대한 부도 통보 가능 시간을 넘겼기에 결제 자금을 못 가져온다고 해도 부도를 낼 수도 없는 상황에서 마음을 졸이며 업체 직원이 수표를 들고 나타나기를 밤늦게까지 기다리다 무사히 자금을 받으면 안도하는 날들의 연속이었다. 이어서 출납실에 근무하게 되었는데 출납실은 다른 파트의 업무 마감이 다 완료된 후 총괄 마감을 하는 자리였다.

그러한 와중에 승진 시험 대상 연령에 도달하여 시험을 신청했다. 시험일을 한 달 정도 앞두고서는 서무담당 책임자가 남자 선배들에게는 5시가 되면 빨리 퇴근해서 시험공부에 집중하라고 했다. 당시 비서실에서 근무하다 결혼과 함께 특수 영업부로 오게 된 입행 동기가 있었는데 그 직원은 오래 다닐 계획은 없지만 당장 그만두더라도 책임자 시험은 합격하고 싶다고 했다. 그 직원은 우선 두 과목에 대해서만 시험 준비를 했는데 얼마나 열심히 공부를 했던지 눈이 퀭하고 몸이 홀쭉해질 정도였다. 나는 몇 년 전 전환시험을 치렀기 때문에 비교적 수월했지만 시험을 한 달여 앞두고는 밤늦게 퇴근 후 집 근처 사설 독서실에서 공부했다. 정작 배려를 받았던 남자 직원들은 다 떨어지고 나와 내 동기는 목표했던 대로 시험을 통과했다. 당시 상사 중 한 사람이 내가 시험공부 안 하는 줄 알았는데 어떻게 합격한 거냐며 고시공부를 해보라고 권했다. 나는 일명 '책임자 고시'로 불렸던 시험을 다 마치고 교실을 나오려니 긴장이 풀리고 피곤이 몰려와 발을 떼기도 힘들 정도여서 택시를 타고 집으로 와야 했다.

별난 인연,
아버지를 떠올리게 했던 상사의 아들이었다니..

당시 내 집안 형편을 생각하면 연애나 결혼은 나와는 거리가 먼 이야기였다. 공부를 하며 꿈을 붙잡고 있는 것만이 나를 지탱해주는 유일한 힘이었기에 근무시간을 빼고는 출퇴근 차 속에서까지 오로지 공부만 하는 생활을 이어갔다. 국민드라마라 불렸던 드라마도 보지 않았고 좋아했던 노래와도 담을 쌓고 지냈다. 그러던 와중 마음을 여는 대신 거짓말로 밀어냈던 사람이 회사 근처에 있던 예식장에서 평일 날 결혼식을 하게 되었다. 청첩장에 쓰인 혼주 이름이 흔한 이름이 아니어서 혹시나 했는데 결혼식장에 가서 보니 신랑의 아버지가 상업학교 2학년 때 다녔던 직장의 옆 부서 국장이었다. 부서의 유일한 여직원인 사환 언니를 딸처럼 예뻐해서 사랑이 넘쳐났던 돌아가신 아버지를 생각나게 했던 사람이었다.

   내 단말기에서 그의 급여통장을 정리해 준 적이 있었는데 몇 달치 급여가 한 번도 찾은 기록 없이 주르륵 찍혀서 월급을 받자마자 즉시 사라졌던 내 통장과 너무나 비교되었었다. 은퇴한 아버지 직업을 자유업으로 써 놓은 것을 우연히 보고 기업가, 변호사, 변리사 등등 조직생활에 얽매이지 않고 자유롭게 일할 수 있는 온갖 직업들을 상상했다. 어머니가 전문직이어서 내가 바라봐서는 안될 부잣집 아들일 거라고 생각하고 거짓말로 밀어냈는데 늘 아버지를 떠올리게 했던 마음 넉넉하고 소탈했던 상사분의 아들이었다니..

   나오는 눈물을 억지로 참으려니 얼굴이 빨갛게 되는 것 같았다. 사무실로 돌아왔는데 눈물이 그치질 않아 할 수 없이 조퇴를 한 후 택시를 타고 집으로 왔다. 명동에서 우이동까지 5천원 조금 넘은 차비를 내고 내리는데 기사 아저씨가 말했다.
"아가씨가 계속 울고 있어서 합승을 안 하고 왔어요. 힘내세요!"

결혼 후 출산 휴가 기간 중 삼성전자 교육센터에 컴퓨터 사용에 대한 교육을 신청해서 1주일간 참여하게 되었는데 그 국장이 들어 와 고정 좌석의 짝으로 앉았다. 15년 전 내가 상업학교 2학년 때 같은 직장에서 함께 근무했지만 부서도 직급도 달랐고 세월이 많이 흘렀기에 그 사람은 나를 전혀 알아보지 못했다. 나는 차마 아는 체를 할 수 없었고 먼저 말을 건네지도 못했지만 교육 내용을 잘 따라 하지 못할 때는 옆에서 친절하게 도와줬다.

수익과 실적만 바라보다가, 모두 까막눈이었네 까막눈..

특수영업부 근무 3년 만에 정기 인사이동을 통해 다시 돈암동 지점으로 오게 되었다. 직전에 근무했던 지점에 또다시 발령받는 경우는 흔치 않은데, 은행에서 외환업무 취급점을 갑자기 전 지점으로 확대하면서 특수영업부에서 외환업무 경력을 쌓은 나를 다시 돈암동 지점으로 보낸 것 같았다.

서울은행은 시내 중심가에 위치한 대형 지점들만 외환업무를 취급하다가 갑자기 전 지점에서 외환업무를 취급하도록 했는데 준비과정 없이 갑자기 외환업무 취급 지점 수가 대폭 늘어나다 보니 업무를 아는 직원이 턱 없이 모자랐다. 업무를 모르는 사람들이 실적만 올리려다 보니 다른 은행에서라면 취급할 수 없는 건들이 몰리고 이는 바로 부실로 연결되었다. 내가 돈암동 지점 다음으로 근무했던 우이동 지점에서만 외환 업체 부도로 수억 원의 부실이 발생했다. 거래했던 여러 개의 외환 업체가 줄줄이 부도가 났는데 이후 부임했던 지점장은 관련 서류를 보면서 "모두 까막눈이었네, 까막눈.."하며 혼잣말로 탄식했다.

돈암동 지점에서도 외환 업무를 처음 취급하다 보니 다른 은행에서 달가워하지 않는 소액 건 위주로 거래를 시작했다. 영세 업체의 경우는 거래 신청서까지 타자로 작성해 달라고 부탁할 정도였다. 영업시간 중에는 수납업무를 하고 저녁에는 서류작성 업무를 했는데 당시는 영업점에 PC가 보급되기 전이라 지점장의 결재를 받기 위한 서류를 수기로 작성하다 보니 늘 일이 쌓였다. 남보다 일찍 출근해서 점심도 먹는 둥 마는 둥하고 밤늦게까지 일을 해도 급기야는 일을 감당하기 힘든 상황이 되어 울고 말았다. 일이 많아 운 것은 그때가 유일했는데 운 효과가 바로 나타나 내가 하던 수납업무를 전담할 파트 타이머를 즉시 채용했다.

당시 내가 일하던 외환계는 2층에 있었는데, 하루는 1층 입출금 창구에서 근무하던 1년 선배 '자존심 센 언니'가 영업시간 중에 내 자리로 오더니 도저히 화를 참기 힘들다며 말했다.
"정말 창구에 올 때마다 무례하게 구는 가시나가 있어서 한마디 했어. 그런데 그 가시나가 글쎄 우리 엄마가 은행 다니는 사람들은 대학도 못 가는 불쌍한 사람들이라고 잘 해주라고 했는데 미안해요 하는 거 있지"

나는 한때 헝그리 복서 정신이 없으면 여행원으로 근무하기 쉽지 않을 것이라는 생각을 많이 했었다. 수유동 지점 근무 시절에는 점심 식사하러 구내식당에 올라간 지 5분도 안되어 빨리 내려오라는 독촉 전화를 받는 경우가 잦았고 월요일과 토요일은 점심을 거르거나 주스 한 잔으로 때울 때가 허다했다. 고객 응대 모니터링에서 몇 번 적발되면 하루 종일 지폐만 선별하는 부서로 발령을 받고 어떤 지점에서는 창구 직원이 아예 앉지 못하도록 의자를 빼 버린다고도 했으니까.

외환계와 대부계가 나란히 있었는데 대부계 남자 선배가 나에게 임직원 주택 담보대출을 해 줄 테니 작은 아파트라도 하나 사는 게 낫지 않겠느냐고 했다. 비가 조금 많이 오면 집에 물이 들어와서 반지하를 벗어나고 싶던 참이었는데 당시는 전세자금 대출이 없었으므로 집을 사서 이사 가는 게 더 쉬울 것 같았다. 이사를 하면서 가구도 새로 장만하니 어머니가 결혼할 때도 못 가져본 새 장롱이라며 매우 기뻐했다. 비록 대출을 많이 받기는 했지만 번듯한 집에 살 수 있게 된 것만으로도 기뻤다.

새로운 집으로 이사한 지 얼마 안 되어 우이동 지점으로 발령을 받았다. 몇 달 전 은행의 의뢰로 실시한 전문기관 어학 평가에서 같이 시험에 응시한 직원 중 가장 높은 점수를 받았다는 이야기를 들었던 지라 외환업무가 많은 시내 지점에 가기를 기대했는데 서울 끝자락에 있는 지점으로 가게 되니 무척 실망스러웠다.

첫 해외여행지 일본, 포상여행으로 가다

서른한 살 봄, 우이동 지점에는 외환담당 직원이 이미 있어서 나는 입출금 창구업무를 하게 되었다. 그간의 노력과는 상관없이 다시 입출금 창구업무를 맡게 되니 실망스러운 면도 있었지만 일이 많지 않아 몸은 편했다. 대부분은 5시경에 업무 마감 후 현금을 계수하여 출납실에 넘긴 후 자리에 앉아 대기하다가 5시 30분이 되자마자 퇴근할 수 있었다. 날이 환할 때 퇴근하여 근처에 있는 덕성여대에 거의 매일 가다시피 했는데 당시에는 도서관 건물이 늘 개방되어 있어서 도서관에 앉아 공부 삼아 영문 주간지를 읽었다.

당시에는 고객 응대 점검요원들이 매월 몇 차례씩 각 영업점을 돌며 고객 응대 사항 등을 점검했는데 우이동 지점이 연간 우수점으로 선정되었고 더불어 후배 직원 한 명과 나는 친절 우수직원 포상을 받게 되었다. 덕분에 1개월 특진과 함께 생애 첫 해외여행을 가게 되었다. 당시 서울은행 경영상황이 좋지 않았지만 고객 덕분에 은행이 존재할 수 있으므로 고객 응대 우수직원만 유일하게 해외연수 포상을 실시한다고 했다.

서울은행으로서는 해외연수가 매우 드문 일이어서 지점 직원들이 여행 경비를 모아줬다. 서른두 살 봄에 주관부서 직원 포함 열다섯 명이 4박 5일 일정으로 일본으로 해외 연수를 가게 되었다. 일본에 도착해서 열다섯 명이 입국 심사대에 한 줄로 서 있는데 심사하는 사람이 맨 앞에 서 있던 직원에게 일본식 영어 발음으로 "올다 방까스?"했다. 연수에 참여했던 직원들 중 나이 어린 직원이 거의 없어서 내 동기였던 직원은 "늙은 은행원들?"로 들었다고 해서 모두 웃었다. 뒤를 따랐던 다른 여직원들은 추가 질문 없이 바로 통과시켜 줬는데 맨 뒤에 있었던 젊은 남자 직원에게는 질문도 많고 심사하는데 시간이 오래 걸렸다. 남자 직원을 기다리면서 가이드에게 들으니 젊은 한국 남자들이 불법체류하는 경우가 많아서 입국심사를 까다롭게 한다고 했다.

명목상으로는 연수 프로그램이어서 동경과 오사카에 있던 지점 및 기업체 한곳을 방문했지만 실상은 맞춤형 관광으로 도쿄로 도착해서 오사카를 통해 돌아오는 일정이었다. 벚꽃이 만발했던 4월이었지만 당시는 관광객이 많지 않아 어디를 가든 붐비지 않고 여유로웠다. 특히 벚꽃 만발한 오사카성에 갔을 때는 다른 관광객은 없고 우리만 있어서 한 폭의 아름다운 그림 속에 서 있는 것 같았다. 하코네 온천마을에서 숙박을 하고 이른 아침 산뜻한 공기를 마시며 아름다운 호숫가를 산책하는데 맑고 파란 하늘의 하얀 뭉게구름처럼 내 마음속에서도 행복감이 몽실몽실 피어올랐다.

견딜 수 없는 허탈감 속에서 결혼을 생각하다

우이동 지점에 부임한 지 10개월 정도 되었을 때 지점 2층 외환계로 옮겨 근무하게 되었다. 그런데 6개월마다 있었던 정기 인사 발령을 통해 지점 구성원들이 계속 교체되면서 지점 분위기가 안 좋게 변해갔다. 인사부에서 지점장 인격을 믿고 문제성 많은 직원들을 일부러 우이동 지점으로 보낸다는 이야기도 들렸는데 이후 지점장마저 바뀌고 나서는 엉망이 되어 버린 듯했다.

새로운 지점장은 명예지점장으로 불렸던 유부녀 여사장과 드러내 놓고 연애를 하며 지점 일에는 관심도 없는 듯했고 닫힌 지점장실 문틈으로 애틋한 노랫소리가 흘러나왔다. 직원들 업무 발령은 부지점장이 했는데 업무를 맡은 직원이 일을 잘 하지 않으면 그 일을 다른 직원에게 얹어 주는 식으로 발령을 조정했다.

지점에서 결제해야 하는 수표와 어음을 인근 지점에서 가져오는 일과 전산 마감 후 장표 출력하는 일이 전부였던 직원은 오전에는 나오지 않거나 아예 출근도 하지 않고 전화로 다른 직원에게 일을 시켜도 모른체할 정도였다. "저는 은행 오래 안 다닐 테니까 제 고과는 꼴찌로 주셔도 돼요" 하며 자기 일마저 떠넘기는 직원도 있었는데 그런 직원들은 거친 욕도 서슴없는지라 나머지 직원들은 가중된 업무로 허덕이면서도 그저 참을 수밖에 없었다.

당시 나는 공과금 마감일에는 공과금 수납 담당자와 수납을 같이 하면서 대부계 수납 및 외환업무 전담도 맡고 있어 저녁에는 녹초가 되었다. 출납실 등 두 가지 업무는 몇몇 직원들이 일주일씩 순번제로 돌아가면서 겸직하도록 했는데 내 순번일 때는 1층과 2층을 연결하는 계단을 수차례 뛰어다니듯이 오르내려야 했다.

서른두 살 가을, 마음이 허탈하고 견딜 수 없이 힘들어서 하루 휴가를 받아 쉬면서 방에 누워 있었는데 열린 창문을 타고 들어오는 바람이 텅 빈 가슴을 아프게 뚫고 지나가는 듯했다. 동종 업종에 근무하는 사람을 만나 이야기라도 하면 속이 좀 풀릴 것 같아 다른 은행에 다니고 있던 중학교 동창에게 전화를 했다. 그날 저녁 중학교 동창들 모임 자리에 중학교 동창이었지만 이름으로만 알고 있었던 아이 아빠가 나왔다.

그날 함께 자리했던 내 친구와 아이 아빠가 한 동네에서 자랐고 아이 아빠의 둘째 누나가 내 친구의 6학년 때 담임이어서 아이 아빠에 대해서는 얼굴만 몰랐을 뿐 많이 알고 있었다. 우이동 덕성여대에서 자주 만나 어울렸던 외환은행 다니는 친구가 몇 달 전 결혼했기에 그 친구의 빈자리를 아이 아빠가 대신하게 되었고 몇 번 만나지 않은 상태에서 청혼을 받았다. 직장생활과 가정생활을 도저히 병행할 자신이 없었는데 아이 아빠가 적극적으로 도와주겠다고 했고 나의 가정 환경에 대해서도 이미 알고 있었기에 편안한 마음으로 마음을 열 수가 있었다.

유럽 배낭여행,
사진기와 함께 잃어버린 여행의 기록

　김영삼 대통령이 이끄는 문민정부가 들어선 후 세계화를 강조함에 따라 은행 강당에서 단체로 토익 시험을 실시했다. 당시만 해도 소통 위주의 영어공부가 활성화되기 전이어서 인지 그다지 높은 점수를 받지 않았음에도 행내 최고점을 받았다. 행내 방송 및 행내 잡지를 통해 소개되었고 특히 행내 잡지는 서울은행의 새로운 시대를 이끌어 갈 직원들이라는 거창한 제목 하에 다른 두 명의 직원과 함께 사진과 인터뷰 기사가 실렸다. 갑자기 은행 내에서 나를 알아보는 사람들이 많아졌고 이후 몇 년 동안 다양한 기회들이 선물처럼 주어졌다.

　첫 번째 선물은 직원들의 신청을 받아 100명을 선발한 2주간의 유럽 배낭여행 연수였다. 당시 우이동 지점에서 두 명이 신청했는데 어차피 선발이 안 될 거라며 승인을 해줬다. 그런데 새로이 발령받아 온 직원까지 모두 선발이 되는 바람에 우이동 지점에서만 세 명이 가게 되었다. 이에 신청 승인을 안 하려는 지점장에게 어차피 안 될 거라고 했던 부지점장이 남자 직원들에게는 아무 말 못 하고 나에게만 여행을 포기하라고 했다. 당시에는 대개

2년 만에 근무 지점이 바뀌었기에 2년이 되기만을 기다렸었는데 나도 모르게 발령 유보 신청을 했었다는 것을 알게 된 직후여서 화가 났다.

유럽 배낭여행 연수 프로그램에 따라 같은 그룹에 속한 직원들과 함께 런던으로 향하는 동안 내 옆 좌석에 앉은 남자 직원이 술에 취해 추태를 부렸다. 나와 비슷한 또래였는데 비행기를 타자마자 술을 마시더니 곧 취해서 승무원을 향해 큰 소리로 반말을 하는 등 소란을 피웠다. 내가 옆에서 계속 말렸지만 소용이 없어서 불편한 마음이었는데 승무원들이 나에게 남편 좀 제발 진정시켜 달라고 했다. 내가 남편이 아니라고 하니 승무원들이 부인도 창피하니까 아예 남편이 아니라고 거짓말을 한다고 했다. 회사 사람들끼리 연수 가는 중이라고 하면 어느 회사인지 물어볼 것 같아서 더 이상은 아무 말도 할 수 없었다.

2주 동안 영국, 프랑스, 독일, 스위스, 이탈리아를 여행하는 빡빡한 일정이었는데, 비행기 안에서 소란을 피웠던 직원이 꼼꼼하게 여행 준비를 잘 해와서 가이드를 따라 여행을 하는 듯했다. 맨처음 런던에 도착해 며칠을 보내다 런던에서 파리로 이동할 때는 해저터널 기차를 이용했는데 프랑스 역에 도착하니 말을 전혀 알아들을 수 없어 긴장이 되었다. 빡빡한 일정에 식사도 어설프다 보니 지쳐있던 중에 파리에서 작은 한국 음식점을 발견하고 너무 반가워서 음식을 먹다가 일행 중 한 명을 놓치게 되었다. 당시는 핸드폰도 없던 시절이라 그 직원을 기다리느라 다음 귀착지인 독일에서 일정보다 오래 머물게 되었다. 덕분에 예정에 없던 하이델베르크 근처의 작고 예쁜 시골 마을에 들어가 현지인들의 동네 사랑방 같은 술집에도 가고 여유롭게 여행의 참 즐거움을 누릴 수 있었다. 이후에는 기차의 침대칸에서 숙박을 하는 등 거의 쉼없이 움직이다가 마지막 여행지인 로마에 도착하니 피로가 누적되어 움직이기가 힘들 정도였다. 게다가 로마는 소매치기가 횡행한다고 해서 잔뜩 긴장한 채로 여러 유명 장소를 부지런히 사진만 찍고 다녔다. 찍고 가고, 찍고 가고.

여행 마지막 날 저녁 지친 몸으로 택시를 타고 호텔에 돌아와서 보니 카메라가 없었다. 너무 피곤해서 카메라가 흘러내린 지도 모르고 졸고 있다가 호텔에 도착해서는 빨리 들어가 쉬고 싶다는 마음에 급하게 차에서 내렸던 것이었다. 여행을 앞두고 남는 건 사진이라며 큰 맘먹고 값비싼 카메라를 샀는데 여행이 끝나고 사진기와 필름을 통째로 잃어버리는 바람에 여행의 거의 모든 기록이 사라져 버렸다.

삶의 전환점이 된 국제금융MBA 연수과정

서른세 살 여름 정기 인사발령을 통해 명동지점으로 부임했다. 부임 일자는 8월 1일이었지만 말일은 특히 바쁘니 하루 먼저 부임해 달라고 해서 7월 31일부터 근무했다. 부임 첫날은 내가 명동지점에서 일했던 날들 중 가장 바빴던 날이었다. 끊임없이 쌓이는 내국 신용장 신규 신청서와 결제 건들을 처리하다 보니 어느새 자정을 넘겼다. 명동역 근처에서 택시를 탔는데 당시만 해도 고양시까지 가려면 왕복요금을 내야 했다. 당시에는 시간 외 근무 수당도 없었기에 택시비가 걱정되었는데 다행히 그날 이후로는 자정을 넘기는 일은 없었다.

명동지점은 외환 수출입계만 하더라도 직원이 여덟 명이나 되어서 몇 개 지점을 합쳐 놓은 듯했다. 업무 시간 중에는 바쁘고 각 계별로 퇴근 시간도 달라서 근무 파트가 다른 직원들과는 거의 말할 기회가 없었다. 하지만 외환 수출입계 직원 중 몇 명과는 매우 친하게 지낼 수 있었고 이후에도 가장 좋은 동료로 남게 되었다.

새해가 되면서 지점장이 바뀌었는데 늦둥이 아들이 있다고 해서 남자 직원만 위하는 건 아닐지 은근히 걱정이 되었다. 우려했던 대로 외환계 직원들이 모두 함께 지점장실 안에 들어가 인사를 하니 책임자 시험에 아직 합격하지 않은 상태였던 내 옆자리의 남자 직원에게는 승진 시켜 줄 테니 열심히 하라고 하면서도 나에게는 아무 말이 없었다. 당시 내 남자 동기들은 대부분 승진한 상태였다. 이후 지점에 큰 실적이 들어오면 그 남자 직원이 권유한 것으로 처리했다. 당시 서울은행은 승진 연령에 도달한 남자 직원에 대해서는 대부분 지점 차원에서 실적 관리를 해 줬기에 특별한 일은 아니었지만 승진 시기를 지나고 있던 나로서는 답답한 마음이 들었다.

그런데 이후 한 달도 안 되어 '국제금융 MBA과정 연수 대상자 공모' 공문이 도착했다. 승진 시기에 6개월 동안 진행되는 연수에 참여하는 것이 부담스럽긴 했지만 놓치기 아까운 기회였고 지점에 계속 근무한다 해도 승진이 쉽지 않을 것 같아 공모에 응했다. 그런데 막상 3월부터 시작하는 연수과정 대상자로 확정되자 연수를 포기하면 다음번에 승진을 시켜주겠다고 했다. 잠시 고민은 되었지만 승진이 조금 늦어지더라도 어쩌면 내가 한 단계 더 도약할 수 있는 계기가 될 수 있을 것 같았다. 또한 나로서는 난생 처음 공부에만 전념할 수 있는 기회이기도 했다. 만일 그때 지점의 요청을 받아들여 연수를 포기했더라면 CFA(국제 재무분석사) 시험공부를 시작할 엄두를 못 냈을 것이고, 해외 학술연수 대상자로 선발되지 않았을 가능성도 크고, 아마 해외 지점에도 안 갔을 것 같다. '국제금융 MBA과정' 참여로 인해 내 인생의 경로가 크게 바뀌지 않았나 싶다.

삼청동에 위치한 한국금융연수원에서 운영했던 '국제금융 MBA과정'은 여러 금융회사에서 한 두 명씩 총 41명이 참여하여 두 반으로 나뉘어 수업이 진행되었다. 비록 6개월의 연수과정이었지만 MBA타이틀에 걸맞게 금융 관련 중요한 과목을 대부분 접할 수 있었고 공부에만 집중할 수 있는 귀한 기회였기에 열심히 공부하고 싶었다. 그런데 연수를 시작한 지 한 달도 안 되어 아이가 생겼다는 것을 알게 되었다. 당시에는 예기치 않았던 상황에 놀랍고 당황스럽기까지 했지만 '그때 아이가 생기지 않았으면 어땠을까'와 '아기에게 매우 중요한 시기를 좋은 환경에서 보낼 수 있었던 것'을 생각하면 가장 감사한 일이 되었다.

아이 아빠가 매일 승용차로 북악스카이웨이를 지나 연수원까지 데려다줬으므로 봄꽃이 만발한 길을 매일 지날 수 있었는데 산뜻한 아침 바람에 실려오는 아카시아꽃향기에 내 마음도 봄꽃처럼 화사하게 펴지는 것 같았다. 점심시간에도 여유롭게 연수원 주변의 예쁜 꽃들과 나무를 보며 산책할 수 있었기에 아이를 생각하면 연수를 포기하지 않기를 정말 잘했다는 생각이 더 들었다. 연수 초기에는 입덧이 매우 심했던 데다 대부분 처음 접하는 과목을 영어로 수업하다 보니 계획만큼 열심히 하지 못해 공부면에서는 아쉬움이 많았다. 네 명씩 팀을 이루어 과제를 하는 경우가 많았는데 다른 연수생이 주도하고 나는 따라가는 식이어서 팀원들에게 미안하기도 했다. 같이 연수에 참여한 사람들은 아이가 태중에서 영어를 더 많이 들으니 나중에 헬로 하면서 말문을 트고 국제적인 사람으로 자라겠다는 농담을 하곤 했다.

연수 마지막 과정으로 2주간의 미국 견학 여행이 있었다. 이수 학점에 포함되는 여행이었고 미국행은 처음이어서 고민 없이 참여했지만, 지금 생각하면 인솔하는 사람 입장에서는 얼마나 조심스러웠을까 싶다. 아이에게도 조심스럽고 같이 가는 사람들에게도 폐가 될 수 있었는데 당시에는 열망이 강해서인지 다른 생각을 하지 못했던 것 같다.

견학 여행은 먼저 시카고에 1주일 동안 머물면서 수업을 들으며 시카고 상품거래소 등 주요 금융기관을 방문했다. 워싱턴과 뉴욕에서는 관광하는 도중 주요 금융 관련 시설을 방문했는데 워싱턴에서는 관광 일정만 있어서 2년 전에 미국으로 이민가 살고 있던 언니네 가족과 합류하여 하루를 함께 보낼 수 있었다. 뉴욕에서는 무역센터였던 쌍둥이 빌딩도 방문했었는데 후에 비행기 테러로 맥없이 무너지던 건물을 보며 여행 당시 테러를 방지하기 위함이라며 유독 검열이 철저했던 모습이 떠올랐다. 뉴욕에서 뮤지컬 '미스 사이공'을 관람했는데 주인공 여가수의 아름다운 노랫소리와 동화 속 왕자 같은 남자 주인공의 모습에 반해서 한국에 돌아와서도 한동안 뮤지컬 공연을 많이 봤었다.

연수 기간이 6개월로 짧지 않았음에도 계속 명동지점 소속으로 되어 있었기에 지점에 폐를 끼치고 있는 것 같아 지점 사람들에게 차마 내가 아이를 가졌다는 소리를 하지 못하고 차일 피일 미루고 있었다. 미국 여행을 앞두고 지점에 방문했을 때는 더 이상 옷으로 체형 변화를 가릴 수 없는 상태였기에 내 직속 상사가 내가 명동지점에 계속 근무하도록 발령 유보 신청을 했는데 어떻게

된 거냐며 깜짝 놀라워했다. 지점장은 내게

"지점에서 일을 안 했더라도 이런 직원에 대해 고과를 낮게 주면 은행이 손해라고 C차장이 하도 졸라서 할 수 없이 고과를 잘 줬어. 최고점은 안 줬지만 승진에 불이익은 없을 거야" 했다.

　나는 너무 죄송하고 민망해서 고개를 들 수가 없을 정도였고 C 차장은 본인의 입장이 매우 곤란하게 되었으니 내가 가능한 한 명동지점에서 오래 근무했으면 좋겠다고 했다.

꿈을 품고 무엇인가 할 수 있다면 그것을 시작하라.

새로운 일을 시작하는 용기 속에 당신의 천재성과 능력과

기적이 모두 숨어있다.

-괴테-

출산 후 처음 본 뉴스는
IMF 사태로 인한 서울은행 폐쇄 가능성 소식

　나의 전 재산이었던 재형저축은 서울은행 우리사주대금으로 들어가 있었고 주택 구입자금 대출이 그대로인 상태에서 결혼하면서 대출이 추가되었기에 마음 편히 육아 휴직을 할 상황도 못 되었다. 어차피 휴직으로 들어가지 않고 휴가만을 쓸 바에는 승진인사일 이전에 출근하는 게 낫겠다 싶어 법정 휴가일도 다 쓰지 않은 채 서둘러 복직했다. 기대와 달리 승진은 되지 않았지만 아이를 봐 줄 언니가 사는 동네로 출근일 직전 서둘러 이사를 한 덕분에 IMF 전세 대란을 피할 수 있었다. 전세 만기 기간을 몇 개월 남겨놓은 상태에서 이사했는데 이후 한동안 전세 거래가 멈춰 버린 듯했기에 조기 복직을 한 게 정말 다행이었다는 생각을 하게 되었다.

　결혼하기 전 '여자가 아니고 남자였더라면..' 하는 생각을 수없이 했다. 주위 사람들이 태어날 아이가 아들일 것 같다고 했고 나 또한 딸일 거라는 생각을 거의 안 했다. 그랬기에 의사가 "딸입니다"하는 소리를 듣는 순간 마음이 많이 아파 새로운 다짐을 했다. '네게는 절대 내 인생을 안 물려줄 거다. 난 언제나 무조건 네 편이 되어 줄 거야. 네 꿈을 마음껏 펼치며 살 수 있도록 내가 더 열심히 살 거야'

그런데 병원에서 퇴원한 후 집에 와 있는데 TV에서 온종일 서울은행이 폐쇄될 수 있다는 뉴스가 흘러나오고 있었다. 지난 몇 년간 은행의 경영상황이 날로 어려워지고 있음을 체감하고 있던 상황이었지만 은행이 문을 닫을 수 있다는 것은 상상도 해 본 적이 없었기에 마음이 착잡했다. 아이 출생신고를 하러 오랜만에 밖으로 나왔을 때 이제는 내가 책임져야 할 아이가 생겼다고 생각하니 길을 건널 때도 더 조심스러운 마음이 들었다.

어머니가 산후조리까지는 해 줬지만 관절이 좋지 않아 계속 아이를 돌보기는 어려웠기에 아이를 봐 주기로 한 언니네 동네로 이사하기 위해 집을 내놓았지만 한참이 지나도록 보러 오는 사람이 한 사람도 없었다. 출근 날짜가 계속 다가오니 그냥 있을 수 없어 동네에서 아이를 맡길만한 곳을 찾아보러 다녔다. 이전까지 전혀 알지도 못했던 사람에게 태어난 지 얼마 되지 않은 아이를 믿고 맡겨야 한다고 생각하니 착잡한 마음이 들었다. 그런데 거의 이사를 포기하는 마음이 되었을 무렵 바로 이사 들어올 수 있다는 사람을 구할 수 있었고 들어갈 집도 바로 구해져서 가까스로 출근일 전에 이사할 수 있었다.

국제부 근무, 야간대학 졸업장은 까만색이냐고요?

1998년 서른다섯 살 봄 정기 인사발령이 있은 후 두 달여 정도 지났을 때 국제부로 발령을 받았다. 연초에 있었던 정기 인사발령 때 명동지점에서 인사부로 들어간 부지점장 덕분인 것 같았다.

내가 발령받을 당시 국제부는 두 개 층을 쓰고 있었는데 이후 각기 다른 부서로 분리될 정도로 위 아래층에서 다루는 업무가 확연히 달랐다. 나는 외환업무팀의 수입대금 결제 관련 파트에서 일하게 되었다. 오전에는 외국에서 도착한 수입서류를 해당 지점별로 보내고 오후에는 지점에서 결제한 수입대금을 해외은행으로 송금하는 전문을 작성하는 일을 했다. 모든 전문은 작성 내용이 정형화되어 있어서 스위프트(SWIFT: 은행 상호 간 지급과 송금 업무를 다루는 시스템) 단말기로 능숙하게 타자를 잘 치는 것이 가장 중요했기에 금방 일에 숙달될 수 있었고 대부분 다섯 시이전에 하루 업무가 끝났다.

은행의 경영상황이 나날이 악화되면서 매년 상반기와 하반기두 차례 해 왔던 승진 인사를 기대하기 어렵게 되었고 구조조정도 수시로 하게 되었다. 이에 따라 인사부에서는 인사고과의 변별력을 높인다는 이유로 최고점을 주려면 평가자가 A4용지 한장에 사유를 작성하여 첨부하라고 했다. 승진 심사 시에는 최근

고과점수의 반영 비중이 가장 높았으므로 최고점을 받지 못하면 승진이 안된다는 것을 의미했다. 그런데 당시 내 상사는 "야간 대학은 졸업장이 까만색이냐?"라는 말을 거침없이 할 정도로 유난히 학벌에 대한 편견이 많은 사람이었다. 반년 전에 구조조정을 앞두고 인사부에서 전 직원에게 직급별 고과 등수를 통보해 줬을 때만 해도 이대로 가면 다음 번 승진을 기대할 수 있겠다 싶었는데 이후 있었던 승진인사에서 또 누락되었다. 남자 동기들은 몇 년 전부터 시작해서 모두 승진이 된 상태였고 여자 동기는 두 차례에 걸쳐 네 명이 승진된 상태였다.

대박을 기대했던 닷컴 주 투자는 쪽박으로

이후 얼마 안 있어 HSBC은행에서 서울은행 인수를 추진하게 되면서 인수계약 협상 지원 업무를 맡게 된 경영혁신팀으로 파견 발령을 받았다. 경영혁신팀으로 파견되었지만 부서의 기존 직원들과는 별도로 전산부에서 파견된 직원들과 함께 자료실에서 근무했다. 당시 IT벤처 기업 투자가 활발할 때였는데 자료실에 근무하던 신입사원이 벤처기업에 투자하면서 수백만원 투자가 억대로 불어났다며 투자 현황을 보여줬다.

전산부 소속이었던 그 직원이 IT기업의 밝은 전망과 투자에 대해 이야기를 많이 하는지라 내심 부러웠는데 마침 함께 투자할 수 있는 기회가 생겼다고 했다. 투자할 기업의 기존 투자자 명단에 은행도 있어서 더욱 믿음이 갔기에 당시 내가 동원할 수 있는 자금을 최대한 투자했다. 내가 투자를 한 후 얼마 되지 않아 장외시장에서는 투자 가격의 다섯 배 이상으로 거래되고 있었는데 CNN 아시아 방송에 회사 대표가 출연해 작은 로봇을 시연하는 것을 우연히 보면서 기대가 더욱 커졌다. 언니에게 이야기하니 욕심부리지 말라고 했지만 나는 상장되면 더 오르게 될 것이라고 말했다. 인터넷 주식 거품이 사그라지는 동안에도 나는 주가가 고점으로 다시 회복될 수 있을 거라는 기대를 쉽게 버리지 못했다. 그 회사의 대표가 다른 사람으로 교체되고 투자금을 회수할 가능성이 희박해졌을 때 나를 대신해 마지막 주주총회에 다녀온 아이 아빠가 회의장에서 인상 깊었던 사람에 대해 말했다. "너희 은행 다녔던 사람 아냐?" 발언 내용과 인상착의를 들으니 맞는 것 같았다. 투자를 주도했던 신입사원은 아예 전업투자가가 되겠다며 퇴직을 했었다.

유명 회계법인에서 온 많은 사람들이 서울은행에 상주하면서 실사작업을 하고 있었고 통합 기념 선물에 대한 이야기가 나오던 상황까지 이르렀으므로 HSBC은행이 곧 서울은행을 인수하는 줄 알았다. 그런데 마지막 가격 협상 과정에서 계약이 불발되었다고 했다.

부장님, 저도 냉면 좋아하는데요

경영혁신팀 파견이 종료되면서 여신 총괄부 소속 워크아웃(기업개선작업)팀으로 파견 처가 바뀌었다. IMF사태로 부도 기업이 늘어나게 되면서 회생시킬 가치가 있는 기업을 선별하여 대출 지원을 통해 살려내기 위한 팀이었다. 회계법인 소속 외국인 전문가가 자문을 수행함에 따라 번역 작업 인력이 필요해서 합류하게 된 것이었다. 번역 작업은 처음이었지만 공식적으로 발표되는 자료가 아닌 단순히 소통만을 돕는 것이었기에 어렵지 않았다.

워크아웃팀에서 일하게 된 지 두어 달쯤 되었을 때 번역팀에 추가 인원이 필요하다고 하더니 얼마 뒤 학생인 듯한 사람이 들어왔다. 은행장 친구의 딸이라고 했는데 미국 명문 대학을 다니고 있었지만 미국에서 나고 자라서 한국말로 간단한 의사소통만 가능할 뿐 번역 작업은 전혀 할 수가 없었다. 아마 방학을 이용해 한국에 왔는데 일반적인 의사소통이 되니 번역 일도 가능할 걸로 알고 연결해 준 것 같았다. 그 학생은 매일 출근은 했지만 하루 종일 본인의 책을 보거나 멍하니 앉아 있었다. 이에 부장도 민망했던지 그 학생에게 영어로 된 얇은 책 한 권을 주며 요약하라고 하더니 요약본을 받은 후에는 직원들 앞에서 학생이 영어를 아주 잘한다는 칭찬을 여러 번 했다.

어느 날, 다른 직원들은 모두 점심 식사를 하러 나가고 그 학생과 내가 나란히 앉아 사무실을 지키고 있었다. 회의에 참석했다가 사무실로 늦게 들어 온 부장이 학생에게 다정하게 물었다. "점심 안 먹었지? 내가 냉면 사줄까?" 학생이 점심 약속 있다고 하니 나는 아예 보이지도 않는 듯 바로 부장실로 들어갔다.

삯꾼은
주인처럼 일하는 사람을 좋아하지 않습니다

HSBC의 서울은행 인수계약이 불발된 후 노동조합에서 성명서 등을 연이어 내보내더니 '배수의 진 전략'으로 '전 직원 사표 제출'을 하기로 했다고 했다. 나로서는 사표를 쓰는 이유를 알 수도 없었고 형식적인 것일 것이라고 생각했지만 사표를 쓰려니 마음이 착잡했다. 사표를 제출한 후 한 달 정도 지났을 때 승진인사가 있었다. 다른 때보다 승진인원이 훨씬 적었고 여자 동기 중 두 명만 승진했는데 그중에 내가 포함되었다. 입행한 지 16년 8개월 만이었는데 경영혁신팀에서 근무할 때 상사가 본인이 하는 고과도 특별히 신경을 쓰면서 부장에게도 부탁을 했다고 했는데 그 덕분인 것 같았다.

승진 인사와 함께 파견 발령이 종료되면서 다시 국제부로 복귀했다. 이전과는 다른 파트에서 일하게 될 것으로 기대했는데 수입대금 결제 관련 파트로 다시 직무 발령을 받았다. 당시 서울은

116

행은 인력이 역삼각형 구조여서 행원 인력이 부족했으므로 승진 후에도 일정 기간은 행원 업무를 하면서 고과도 행원과 같은 조건으로 받도록 되어 있었다. 같이 근무했던 수입대금 결제팀 책임자가 업무 발령을 담당하던 기획팀 팀장에게 나를 다시 오도록 요청했다고 했다. 내가 그 책임자와 직급이 같아졌지만 이전과 같은 위치에서 일하고 고과도 받아야 했다. 함께 일하게 된 직원은 지점에서 발령받아 온 입행한 지 2년 된 사람이었다.

수출입 업무 경험이 전혀 없는 신입 직원에게 업무를 가르쳐 줘 가며 지점의 문의 사항 응대를 전담하는 등 신입 직원이 숙달될 때까지는 이전과는 비교할 수 없을 정도로 일이 많았다. 다시 함께 일하게 된 지 두 달이 되었을 때 인사고과 시기가 되었는데 "이 연정 대리 점수와 평균해 보면 초과하지 않습니다"라며 통화하는 소리가 들렸다. 인사부에서 신입 직원에 대한 고과 점수가 너무 높다고 전화를 한 것이었다. 당시 인사평가지침에서는 고과 대상자의 고과 평균 점수가 일정 점수를 초과할 수 없도록 했는데 인사부에서 수입대금 결제팀 책임자의 고과 대상자가 한 명인 줄 알고 전화한 것이었다.

그 책임자는 유독 직원들의 출신 학교에 관심이 많았는데 신입 직원이 K대학교를 나왔다며 부임하기 전부터 좋아했었고 이후에도 다른 직원들이 모두 알 정도로 눈에 띄게 챙겼다. 당시 구조조정이 수시로 있었기에 인사 고과에 특히 신중을 기하던 때였는데 내가 통화 내용을 듣고 반사적으로 뒤돌아 봤음에도 태연하게 통화를 마치고 전화기를 내려놓았다.

남직원은 승진 대상 연령이 되면 승진할 수 있도록 지점 차원에서 관리를 해줌에 따라 특별한 경우을 제외하고는 동기들이 비슷한 시기에 승진했다. 하지만, 상업학교를 졸업하고 들어온 여직원은 가장 먼저 승진한 경우라도 남직원보다 1~2년 정도 늦었고 대부분은 행원으로 근무하다가 명예퇴직을 했다. 우리 동기들은 IMF사태와 합병 등으로 승진이 더욱 어렵게 되어 책임자급으로 승진할 수 있었던 사람이 4% 정도에 불과했고 마지막에 승진한 사람은 나보다도 10년가량 늦었다. 조기 발탁 등 특별한 사유 없이 부장이나 지점장급으로 승진한 경우는 1%에 불과했는데 그나마 일정 연령이 넘으면 아예 승진 대상에서 배제하던 제도를 적용하지 않게 되면서 임금 피크 퇴직을 앞둔 몇 년 전에 이뤄졌다.

어렸을 적 선배들로부터 "앞에서는 일 잘한다 칭찬하면서 당사자가 볼 수 없는 고과는 형편없이 주는 경우가 많다"라는 이야기를 많이 들었는데 당시는 "설마.." 했었다.

도이치은행의 경영자문단과 함께하다

HSBC의 서울은행 인수 계약이 불발된 후 서울은행의 앞날이 더욱 불안해지는 상황이 되어가는 것 같았는데 서울은행이 도이치은행(Deutsche Bank)으로부터 경영 자문을 받게 되었다는 뉴스가 나왔다. HSBC은행 실사 지원 업무를 담당했던 경영혁신팀에서 관련 일을 맡게 되어 나도 다시 경영혁신팀에 합류하게 되었다.

도이치은행 자문단은 싱가포르에 본부를 두고 다양한 국적을 가진 수십 명의 직원들로 구성되어 있었는데 총괄 매니저를 비롯한 핵심 직원들은 계속 서울은행에 상주하고 다른 직원들은 업무별 자문 일정에 따라 오고 갔다. 나는 자문단의 간부급 직원의 비서로 특별 채용된 두 명의 직원과 함께 도이치은행 자문단이 근무하는 사무실에서 근무했다. 주로 서울은행 직원들과 도이치은행 직원들 간의 자료 전달을 돕고 회의 일정을 잡아주는 등 도이치은행 직원들이 자문 업무를 원활히 수행할 수 있도록 옆에서 직접 돕는 역할을 했다.

도이치은행 직원들은 일본인, 중국계 싱가포르인, 말레이지아인, 독일인, 터키인, 인도인 등으로 매우 다양해서 도이치은행이 말 그대로 글로벌 은행임이 실감 났는데 서울은행으로 오기 전에 인도네시아은행을 자문했다고 했다. 나는 도이치은행 직원과 서울은행 직원 간에 이뤄졌던 업무 회의에 참석하지는 않았지만 가끔은 안내를 위해 따라간 적이 있었는데 들었던 그들의 말들 중에 잊히지 않는 내용이 두 가지 있다. 그중 하나는 은행은 국가로부터 특별한 영업 권한 '프랜차이즈(franchise: 독점 영업권)'를 받은 기업이기에 주식회사로서 이익을 추구하되 특별한 권한에 상응하는 사회적 책임도 크다는 것이었다. 또 하나는 '조직의 인재란 스펙이 좋고 똑똑한 사람이 아니라 해당 조직에 가장 적합한 사람'이라는 것이었다.

도이치은행 직원들과 함께한 기간이 채 1년도 되지 않았지만 한 사무실에서 같이 지내다 보니 계속 상주했던 직원들과는 꽤 친밀하게 지낼 수 있었다. 때때로 업무를 마친 후 서울 시내의 몇몇 곳을 함께 다니면서 나도 덩달아 삶의 여유를 누릴 수 있었다. 나는 도이치은행 직원들이 가급적 불편을 느끼지 않도록 영업점에서 고객을 응대하는 마음으로 대했고 도이치은행 직원들은 진심으로 고마워했다.

같은 동양인이어서인지 중국계 싱가포르 직원들과는 특히 더 친하게 지냈는데 다른 나라 사람이라는 생각이 거의 들지 않았다. 전산업무를 담당했던 인도인들은 모두 채식주의자들이었는데 한 직원은 한국에서 살고 싶다는 이야기를 많이 하더니 귀국 후에 정말로 한국에서 직장을 구하고 싶다며 도움을 줄 수 있냐는 이메일을 보내오기도 했다.

말없이 한쪽에서 조용히 일만 하던 터키 출신 젊은 남자가 있었다. 다른 직원들은 때로는 함께 모여 총괄 매니저에 대한 험담도 하곤 했는데 그 직원은 일만 할 뿐이었다. 휴일에 서울은행 전 직원이 모이는 행사가 있어 총괄 매니저가 다 같이 가자고 하니 다른 직원들은 모두 싫다고 했지만 유일하게 총괄 매니저의 말을 따랐던 사람이었다.

이후 10년이 지난 후 UBS은행의 고위 임원이 되어 하나은행 PB세미나에 온 그를 만나게 되었다. 서울은행에서 일했을 때는 그렇게 잘 생겼는 줄 몰랐는데 흡사 영화배우 같을 정도로 몰라보게 달라져 있었다. 반갑게 서로 인사를 나누고 이후로 이메일로 몇 번 더 소식을 주고받았는데 그 후로도 또 많은 세월이 흘렀으니 지금은 얼마나 더 변해 있을지..

자문 기간 내내 상주했던 싱가포르 출신 여직원은 당시 돌도 되지 않은 첫아이를 떼어놓고 와 있었는데 본인의 아버지와 동갑인 총괄 매니저를 아주 좋아했었다. 복도에서 총괄 매니저의 발소리만 나도 심장이 쿵쿵거린다 했던 그녀는 진추하가 부르는 원 썸머 나잇(One summer night: 한 여름 밤)을 늘 듣고 있었다.

매 순간 나는 당신을 생각했어요
제 심장도 당신을 위해 뛰었죠
당신은 제게 유일한 사람입니다

자문 업무 총괄 매니저는 싱가포르에 부인과 딸이 살고 있다고 했는데 자문단을 이끌고 각 나라를 돌아다니며 가는 곳마다 새롭게 여자를 사귄다며 자랑을 했다. 나에게도 서울은행에 온 지 얼마 되지 않았을 때 몇 번의 추파성 메일을 보내길래 만일 내 남편이 바람을 피운다면 죽여버릴 거라고 하니 "으윽, 강철 여인!" 하면서 더 이상 작업을 안 걸었다. 이후 얼마 되지 않아 묵고 있던 호텔에서 노래하는 필리핀 여가수를 새롭게 만나 사귀고 있는 중이라고 했다. 연애가 삶의 활력소이기에 끊임없이 새로운 연애를 한다고 했는데 70세가 넘은 지금은 어떠할지..

서울은행 구조조정, 눈물 속 이별

도이치은행의 경영 자문을 받게 되면서 서울은행 경영진도 새롭게 바뀌었다. 도이치은행 자문단이 들어왔을 때 도이치은행 서울지점장으로서 인사를 했던 사람이 은행장이 되었고 부행장을 비롯한 주요 임원들도 신임 행장과 함께 외국계 은행에서 일했던 사람들로 채워졌다. 서울은행이 좋은 가격에 팔릴 수 있도록 서울은행을 클린뱅크(Clean Bank: 깨끗한 은행)로 만들 거라고 했다.

새로운 경영진이 들어온 후 얼마 지나지 않아 1948년 이전 출생 전원에 대한 보직 해임 발령이 있었다. 아무런 사전 예고도 없이 53세 이상 수십 명에 대한 보직 해임 발령 공문이 도착해서 너무 놀라웠다. 우이동 지점에서 같이 근무할 때 직원들이 존경하고 좋아했던 지점장도 포함되어 있었다. 직원들이 곧 임원이 될 것 같다고 했던 국제부장도 퇴직하게 되어 송별 회식이 있었다. 국제부장은 갑작스럽게 퇴직하게 된 뼈아픈 심정을 전하면서도 100명이나 되는 직원들의 환송을 받으며 은행을 떠나게 되어 그나마 감사하다고 했다.

만 명에 달했던 서울은행 직원들이 불과 몇 천명으로 되기까지 수많은 구조조정이 있었다. 1998년에는 서울은행 폐쇄 가능성 소식에 따른 대량 예금 인출 사태에 놀라 자칫하면 퇴직금도 못 받을 수 있다며 떠난 사람들이 많았고 일부 직군은 일시에 전원이 해고된 후 파견 직원으로 바뀌었다. 새로운 기회를 찾아 자발적으로 떠나는 경우도 있었지만 아픈 마음을 안고 '명예퇴직'이라는 이름으로 사표를 써야 했던 사람들이 대부분이었는데 간부 직원들은 비노조원이었기에 상대적으로 희생이 컸다. 지점장으로 발령받아 채 자리도 잡기 전에 6개월 만에 실적 부진으로 회수되고 곧바로 구조조정 대상이 되는 경우도 많았다. 구조조정 시작 초기에는 전 직원에게 개별 인사고과 자료를 통보하여 알아서 사직서를 내도록 유도하는 식이었지만 목표 인원에 도달하지 못하면 개별적으로 대상자에게 전화를 해서 사직서를 내도록 했다.

구조조정 강도가 심해지면서는 인사부에서 퇴직 대상자를 확정하여 개인별로 전화를 했는데 퇴직 대상자들은 은행과 노조가 협의하여 정했다고 했다. 지점장이 승진이 임박한 사람 고과를 무조건 우대하는 바람에 희생된 젊은 직원도 있었고 자녀가 없어 부양가족 수가 적어 불리해진 경우도 있었다. 내가 국제부에서 분리된 국제업무부 소속이었을 때는 중간 책임자 9명 중 6명이 한꺼번에 전화를 받았는데 고과 성적이 불리한 해외 지점 근무 경력자가 많아서인 것 같다고 했다. 전화 통보가 있던 날은 하루 종일 전화가 이어졌고 전화를 받은 사람들은 마음을 추스르기 위해 밖으로 나갔다 들어오는 경우가 많았다. 한 팀장은 여섯 시가 넘었기에 통보가 다 끝난 줄 알고 안도했었는데 뒤늦게 전화를 받았다고 했다. 직원들이 모두 진심으로 존경하고 따랐던 팀장이었기에 더욱 마음 아팠고 함께 울었다.

부자 은행과 가난한 은행의 차이 나는 영업점 업무지원

도이치은행의 권고에 따라 서울은행의 몇몇 부서를 영업추진그룹과 영업지원그룹으로 구분하였고 영업지원그룹은 새로운 행장이 영입한 외국계 은행 출신 여성 임원이 맡았다. 도이치은행에서 특별히 시행을 권고한 업무를 주도적으로 수행할 업무지원팀을 영업지원그룹 내에 신설하게 됨에 따라 나는 국제업무부로 복귀하지 않고 여자 선배가 이끄는 업무지원팀에서 일하게 되었다. 외국계 은행에서 오래 근무했던 담당 임원은 남자 직원 위주의 조직을 안타까워하며 여직원의 권익 향상에 많은 신경을 쓰는 게 느껴졌다. 늘 영업점 중심을 강조했기에 업무지원팀은 영업점 직원들이 고객만 바라보며 최대한 영업에만 집중할 수 있도록 한마음이 되어 일했다. 영업점의 각종 불편사항들을 직접 찾아 해결하기 위해 영업점 직원들의 신청을 받아 휴가일에 대신 근무를 하기도 했다. 장표와 규정 및 제도를 개선하고 영업점 업무 중 본점에서 처리 가능한 업무를 선별하여 모아서 처리할 수 있도록 하면서 우리의 노력 하나하나가 영업점에서는 큰 효과로 확산됨을 느끼며 큰 보람을 느낄 수 있었다.

업무지원팀에 근무한 지 1년쯤 되었을 때 국민은행에서 공과금 수납 전용 기기를 설치하고 국민은행 계좌이체를 통해서만 공과금을 수납한다고 했다. 국민은행이 갑자기 공과금 현금 수납을 하지 않음에 따라 국민은행 지점 인근에 있던 지점들은 공과금 손님이 많아져서 당시 공과금 업무 규정을 담당했던 내게 항의 전화가 빗발쳤다. 그렇잖아도 공과금 마감일이 되면 영업점이 공과금 납부 손님으로 북새통을 이뤘는데 밀려드는 손님으로 다른 업무를 할 수 없는 지경이 되니 담당 책임자인 내가 당장 어떻게 할 수 없다는 것을 알면서도 답답하니까 화풀이를 하는 것 같았다.

이에 각 시중은행 공과금 업무 담당 책임자들이 모이게 되었는데 국민은행 담당자가 공과금 수납 전용 기기 설치에 관한 사항을 설명하는 모습에서 선도은행 직원의 자부심이 묻어났다. 주택은행과 국민은행이 합병하면서 행장 지시로 직원의 요청사항을 조사한 결과 1위가 공과금 수납 업무 해결이었다고 했다. 당시 국민은행이 공과금 수납 기기 맞춤 개발에 투자한 비용은 서울은행으로서는 엄두도 못 낼 금액이었다. 당시 서울은행은 소소한 일반 사무 용품마저도 총무부에서 필요한 만큼만 타다 쓸 정도로 어려운 살림을 하고 있었다.

CFA(국제 재무분석사), 마이너스 손이어서 시작한 공부

　신입 행원 시절 남자 선배들로부터 은행원은 빚으로 산다는 이야기를 많이 들었었다. 상업학교를 나온 남자 직원들은 가난한 집안의 가장 역할을 하며 형제까지 돌봐야 하는 경우가 많았기에 저축하기가 쉽지 않다는 얘기인 것 같았다. 나도 은행에 다니다 보니 비교적 자금 융통이 쉬워 집안에 급전이 필요할 때는 우선 대출을 받아서 충당한 후 갚기를 반복했다. 저축이라고는 이자가 상대적으로 높고 이자에 대한 세금까지 면제되었던 재형 저축이 유일했는데 그나마 재형 저축으로 모은 돈은 서울은행 우리사주 자금으로 다 넣은 후 제때 처분하지 못해 몇십만 원만 남기고 다 사라졌다. 내가 서울은행 우리사주 주식을 가장 많이 샀을 때는 역대 최고가였을 때였는데 당시 신문에 나온 대통령 재산목록에도 은행주가 많은 것을 보고 내가 배정받을 수 있는 최대한을 신청했고 이후 마지막 배정 때는 서울은행 주가가 최고가 대비 30%도 안되어서 싸게 사는 줄 알았다. 무리하게 대출을 받아 샀던 아파트는 IMF 사태로 집값이 바닥일 때 집안 사정으로 어쩔 수 없이 팔아야 했다. 이후 대박을 바라며 인터넷 주식에 투자했다가 아예 한 푼도 건지지를 못했다. 성급히 돈을 벌고 싶다는 마음에 듣고 싶고 보고 싶은 것만 보며 준비가 되지 않은 상태에서 투자했기에 실패는 당연한 것이었다.

연이어 투자에 실패하게 되니 나 자신을 돌아보게 되었다. 은행원이고 대학에서 회계학을 공부했음에도 투자에 대해서는 무지했음을 깨닫게 되었다. 관련 공부를 해야겠다는 생각을 하던 중 신문에 한 면 가득 실린 CFA(국제 재무분석사)에 대한 기사를 읽게 되었다. 마침 국제금융MBA연수과정에서 공부한 과목과 CFA(국제 재무분석사) 시험 과목이 거의 일치했기에 바로 교재를 구입해서 공부를 시작하게 되었다.

책임자 승진에 계속 탈락하면서 보다 확실한 경쟁력을 갖춰야겠다는 생각도 하고 있었는데 CFA(국제 재무분석사) 자격을 취득한다면 협회를 통해 재무담당자들과 인맥을 형성하게 되니 영업에 많은 도움이 되겠다 싶었다. 자발적인 이직은 생각해 본 적이 없었지만 서울은행의 앞날이 불투명했으므로 만일의 경우도 대비해야 했다. 당시만 해도 은행에서는 금융투자상품을 다루지 않았으므로 금융자산투자 분야에서 일하게 될 것은 전혀 예상하지 못했다.

2차 까지는 출퇴근 시간 차 안에서 등 자투리 시간과 주말 시간을 이용해 공부하다가 시험일을 앞둔 한 달 동안 퇴근 후 사설 독서실에서 공부했더니 어렵지 않게 합격할 수 있었다. 하지만 3차 시험은 시험공부를 시작할 무렵 해외 학술연수 대상자로 선정되었고 학술연수를 마치고 나서는 늘 수면시간이 부족할 정도로 거의 매일 야근을 했기에 공부를 거의 할 수 없었다. 그래도 마지막 단계에서 포기하기는 아까워 계속 시험을 신청하고 공부가 부족해 떨어지기를 반복했다. 2011년 홍콩지점에 부임하게 되자 이제는 포기해야겠다고 생각했는데 이미 자격을 취득했던 홍콩지점장이 시험을 볼 수 있도록 격려하고 배려해 준 덕분에 홍콩에서 시험을 치를 수 있었고 2011년 8월 시험공부를 시작한 지 만 10년 만에 3차 합격 통지를 받을 수 있었다.

너무 싫어하면 오히려 기도가 되어버린다더니

서울은행을 인수하는 곳이 하나은행만 아니기를 바랐었다. 2002년 여름 하나은행이 서울은행을 인수할 가능성이 높다는 뉴스를 처음 들었을 때 너무 아찔해서 등에 전기가 흐르는 것 같았다. 너무 싫어하면 오히려 기도가 되어 이루어지는 경우도 있다더니 가장 우려했던 일이 발생하게 된 것이었다. 당시만 해도 하나은행은 업무별 직군이 엄격하게 분리되어 있었고 직군별 차별이 컸는데 각 직군을 구성하는 성별이 확연히 달라 직군별 차별이라기보다는 남녀 차별처럼 보였었다. 게다가 서울은행의 인력 구조는 역삼각형 구조로 인사 적체가 매우 심했는데 신설 은행이었던 하나은행은 승진이 빨랐다. 두 은행 간 직급별 승진 연령 차이가 열 살도 더 되는듯해서 만일 합병은행에서 근무하게 된다면 적어도 수년 동안은 나보다 나이가 적은 상사 밑에서 근무해야 될 것 같았다.

하나은행의 서울은행 인수 관련 뉴스가 있은 직후 노동조합 주도하에 본점 건물 옆 마당으로 직원들이 모이게 되었는데 이런저런 생각이 들며 계속 눈물이 났다. 미국에 살던 언니는 소식을 듣고 이참에 미국 이민을 생각해보라 했고 미국 공인회계사 자격시험을 준비하던 업무지원팀 동료 직원은 호주 이민을 준비할 거라고 했지만 나는 어찌 되든 내 스스로 은행을 떠나고 싶지는 않았다.

1997년 IMF사태 이후로 서울은행의 앞날을 예측할 수 없게 되면서 직원들은 노동조합에 많이 의지했고 노동조합 위원장은 전쟁터에서 직원들을 이끄는 장수 같았다. 전국금융산업노동조합 주도로 은행권 연합 집회가 열렸을 때는 서울은행 노동조합이 가장 돋보였고 금융권에서 가장 강한 노동조합이라고 했다. 은행 주관 행사에서 은행장과 노동조합 위원장이 함께 연설을 할 때면 말투가 느리고 연설에 익숙하지 않았던 행장에 비해 달변가였던 노동조합 위원장이 훨씬 위세가 높아 보였다. 그러함에도 노동조합이 서울은행 운명의 큰 흐름을 막을 수는 없어서 2002년 12월 1일 자로 서울은행이 하나은행에 합병되었다. 노동조합은 비록 합병은 되었지만 합병에 따른 강제 구조조정이 없다는 것을 강조했다.

하나가 되기를 갈망했던 곳 하나은행

회사와 회사가 합쳐진다는 것은
재혼가정이 되는 것과 같았다

회사와 회사가 합쳐진다는 것은 각자 자녀를 가진 사람들이 재혼을 하는 것과 같았다. 하나은행과 서울은행의 결합은 능력이 출중한 새아버지가 이끄는 부잣집에 가난하게 살던 자식들이 들어가는 형상이었다. 아버지와 집안에 대한 자부심이 높았던 좋은 학교 나온 자식들과 대체적으로 학벌이 더 낮고 나이는 많던 의붓자식들과의 만남이었다. 가장으로서는 합쳐진 가정이 잘 되길 바라는 마음이 컸겠지만 대부분의 자식들은 새로 들어온 자식들이 예쁘지 않다는 것을 노골적으로 표시하는 경우가 많았다.

아들을 잘 챙긴다는 애길 듣고 은근히 기대했던 남자아이들은 살림이 합쳐진 후 현실을 깨닫게 된 것 같았다. 부잣집의 젊고 싹싹한 아들들은 광나는 일만 하고 허드렛일은 자기들이 다 하는데 대접은 못 받고 기죽어 지낸다며 서러워했다. 가난한 집에서 온 여자아이들은 한동안 남자와 차별 없는 대우로 포장된 채 오히려 소외되어 지내다가 뒤늦게야 원래 예정되었던 위치에서 자리를 잡을 수 있었다.

공식 합병일을 앞두고 본점 부서가 먼저 통합되면서 서울은행 본부 부서 근무 직원들은 각자 맡은 업무에 따라 하나은행의 연관 부서로 가거나 영업점으로 발령을 받았다. 업무지원팀은 서울은행 부서 중 유일하게 살아남았지만 기능과 인원은 대폭 축소되어 본점 사무실에는 부장과 몇몇 직원들만 남게 되었다.

공식적인 합병일인 2002년 12월 1일, 컴퓨터를 켜니 서울은행 내부 통신망이 사라지고 하나은행 내부 통신망이 들어와 있어 변화가 실감 나며 긴장이 되었다. 유토피아에서 따온 듯한 '오토피아'라고 이름 붙여진 내부 통신망에 접속하여 여기저기를 클릭해 보았다. 내부 통신망에 올려진 글과 자료들만 봐도 활기가 느껴졌고 서울은행과는 엄청난 문화의 차이가 느껴졌다.
서울은행의 마지막 구호(캐치프레이즈)는 '고객은 가족같이 은행은 내 집같이'였다.

함성과 함께 날아간 보너스?
어머니의 한도 날리고 싶다

합병을 하자마자 전 직원이 순차적으로 참여하는 직원 통합 연수가 있었다. 합병 작업을 총괄했던 부행장에게서 넘치는 자신감이 느껴졌는데 "남자 직원은 경영의 파트너이기 때문에 야단칠 일이 있으면 더 매섭게 혼낸다"라는 말을 통해 소문으로 들었던 남녀 차별을 느낄 수 있었다. 프로그램 중에 영상물을 보는 시간이 있었는데 '흑인과 백인으로 구성되어 선수들 간 갈등이 많았던 미식축구팀이 갈등을 극복하고 하나가 되어 경기에서 멋진 승리를 이루는 내용'이었다. 팀의 감독으로 나오는 사람이 흑인이어서 '만일 감독이 흑인이 아닌 백인이었다면 어떻게 되었을까?' 하는 생각이 들었다.

신년을 맞이하여 '출발 2003' 행사가 있었는데 하나은행에서는 매년 새해가 되면 주말에 전 직원이 참여하여 새해 새로운 출발을 다짐하는 자리를 갖는다고 했다. 전년도 성과에 대한 시상과 신년 경영계획 발표가 있고 특별 공연도 함께하는데 행사의 하이라이트는 '행장의 특별보너스 지급액 발표'라고 했다. 100프로 200프로.. 2012년에는 합병이라는 특별한 성과도 있었기에 올해는 얼마가 될지에 대해 직원들이 잔뜩 기대하는 분위기였다.

행사가 시작되자 사회자가 가장 먼저 행장을 소개하고 이어 노동조합 위원장을 소개했는데 서울은행 노동조합 위원장을 소개하자 행장을 소개할 때와는 비교할 수 없을 정도의 큰 함성이 행사장을 가득 메웠다. 서울은행 출신 직원들이 가슴속에 눌러왔던 서러움을 함성으로 힘껏 토해내는 것 같았는데 너무나 큰 함성

소리에 깜짝 놀라면서 한편으로는 걱정이 되었다. 직원들의 기대와는 달리 '출발 2003'행사는 특별 보너스 발표 없이 끝났고 직원들은 "함성이 특별 보너스를 날려버렸다"라고 했다.

2003년은 내가 입행한 지 만 20년이 되는 해였다. 나는 '출발 2003' 행사장에서 '여태까지는 내가 조직 속에서 잘 성장할 수 있었으니 이제는 성년 은행원으로서 더 열심히 일해야겠다'는 생각을 했다. 가족과 함께 단상에 올라 '빛나는 하나인 상'을 받는 직원들을 보면서 내가 어머니와 함께 단상에 올라 '빛나는 하나인 상'을 받게 된다면 큰 박수 소리와 함께 어머니의 한이 다 날아갈 것 같았다.

옆자리에 있던 직원이
현금 자루를 빼돌린 도둑이었다니

업무지원팀 소속으로 수도권 지역의 현금 수급을 총괄하는 출납실이 두 곳 있었다. 당시만 해도 외주로 관리하는 외부 현금입출금기에 공급하는 현금액은 실시간 체크가 불가능했기에 그러한 허점을 이용하여 본점과 떨어져 있던 출납실에 근무했던 직원이 수억 원의 현금을 도둑질한 사건이 발생했다.

담당 부서가 업무지원팀에서 다른 부서로 넘어가는 과정에서 발생했던 사고였기에 한동안 도난 사실을 전혀 모르고 있다가 전산 통합 작업을 하면서 사고가 발견된 것이었다. 다행히 감시 카메라에 증거가 남아 있어서 범인을 잡을 수 있었는데 범인은 내바로 옆자리에서 몇 달간 근무하다 얼마 전 퇴직했던 직원이었다. 출납실 업무가 축소되면서 내 옆자리로 자리를 옮겨 일을 했었는데 부장의 업무 지시에 이상할 정도로 거칠게 대들더니 사표를 냈었다. 얼마 전 행장과의 오찬 자리에 참석해 업무에 대한 의견을 열심히 피력하기도 했었기에 이미 돈을 빼 돌린 상태에서 감시카메라 필름의 보관 기간이 지나기만을 기다리며 치밀하게 계산된 행동을 했다고 생각하니 소름이 끼쳤다. 평상시 같았으면 이미 폐기되었을 필름이 다행히 그대로 보관되어 있어서 수억 원이 든 현금 자루를 들고나가는 생생한 범행 현장을 확인할 수 있었다고 했다.

은행을 다니는 동안 함께 근무하던 직원이 금전 사고를 낸 후 그만두게 되는 것을 같은 지점에서 보기도 하고 소문을 통해 듣는 경우가 종종 있었는데 사고를 낸 직원들이 매우 일을 잘하고 성실해서 주위 사람들이 더 놀랐던 경우가 대부분이었다. 사고를 알게 된 후 직원들은 "그 직원이 그런 짓을 하다니 믿기지 않는다"고 말하며 안타까워했다.

이미 소관 부서가 타 부서로 넘어간 상태에서 발생한 사고였지만 업무지원팀 부장은 한동안 사고가 발생한 출납실에서 상주하며 사고를 수습했고 얼마 후 정기 인사발령을 통해 지점장으로 발령을 받았다. 업무지원팀은 새로운 부장과 함께 사무실을 서울은행 본점 건물에서 예전 보람은행 본점 건물이었다는 곳으로 옮겼고 이후 얼마 안 있어 나는 해외 학술연수 대상자로 선정되어 이듬해 1월에 업무지원팀을 떠났다.

"반드시 1등하고 오거라!"
해외 학술연수 대상자로 선정되다

2003년 여름 CFA(국제 재무분석사) 2차 시험 결과 발표를 앞두고 마음을 졸이고 있을 무렵 행장이 나를 해외연수 보내준다고 말하는 꿈을 꿨다. 이전에 중요한 일을 앞두고 예지몽을 꾼 적이 많았고 그날의 꿈이 매우 생생했지만 당시 상황으로서는 나이도 적지 않은 내가 해외연수 대상자가 된다는 것은 거의 기대할 수 없는 일이었기에 '희한한 꿈이네'생각하며 곧 잊게 되었다.

이후 두 달이 채 못되어 인사담당 상무 비서가 갑자기 전화를 해서 "차장님 혹시 해외 유학 보내주면 갈 수 있어요? 만일 가실 수 있으면 조금 있다가 상무님께서 직접 전화하실 거니까 대답 잘 하세요" 했다

영어를 가까이해 오면서 언젠가는 외국학교에서 공부하고 싶다

는 막연한 소망을 갖고 있었기에 말할 수 없이 기뻤다. 당시 하나은행 본점 부서는 창구 서비스 관리가 주 업무였던 고객만족팀 이외에는 여자 책임자를 보기 힘들 정도로 남자 위주의 조직이었다. 해외 학술연수 대상자 선정은 공모 과정 없이 임원들의 추천을 받아 행장을 제외한 주요 임원들로 구성된 인사위원회를 거쳐야 했다. 그런데 당시 가장 핵심적인 위치에 있던 부행장 두 명을 포함하여 대부분의 임원이 내가 선정되는 것을 반대했다고 했다. "이 직원은 일은 안 하고 공부만 한 것 같다"라는 이야기들이 오가다가 결정이 미뤄지기까지 했는데 인사담당 상무의 의지가 워낙 확고했고 내 인사자료가 좋았기에 더 이상 반대할 명분이 없어 어렵게 승인이 이뤄졌다고 했다.

그해 해외 학술연수 대상자는 총 다섯 명이 선발되었는데 나는 여직원으로서는 최초였고 서울은행 출신으로는 유일했다. 나에게는 한국 금융회사 직원들을 특별 모집한 일리노이 대학교(University of Illinois) MSF(Master of Science in Finance: 금융전공 이학 석사) 과정이 배정되었다. 연수 대상자 확정 소식을 들은 날, 나는 너무 기뻐 거의 잠을 이룰 수 없었고 아이 아빠는 본인이 못 해주는 것을 은행이 해 줬으니 앞으로는 은행과 결혼했다고 생각하고 더욱 은행에 충성하라고 했다.

인사담당 상무는 서울은행 출신이었지만 내가 해외 학술연수 대상자로 확정되기 전까지는 한 번도 대면한 적이 없던 사람이었다. 부하 직원의 추천과 인사 자료만으로 인사위원회의 심한 반대를 극복했지만 내가 대상자로 확정되고 나니 다소 걱정을 하는 것 같다는 이야기가 들렸다. 사내 통신망을 통해 인사담당 상무에게 감사 편지를 먼저 드린 후 인사를 하러 갔는데 인사담당 상무의 표정과 말투가 너무나 비장했다.

"반드시 1등하고 오거라"

하나은행이 서울은행을 합병하면서 서울은행 출신을 인사담당 상무로 임명했지만 피합병은행인 서울은행 출신이 인사에 관한 실권을 가질 수 없다는 것은 누구나 아는 사실이었다. 그럼에도 불구하고 통합은행 인사담당 임원으로서 서울은행 후배들에게 부채의식이 많은 듯했다. 비록 합병을 하면서 강제적인 구조조정은 없다고 했지만 합병 전후에 있었던 명예퇴직을 통해 서울은행 직원들이 은행을 많이 떠났던 상황이었다.

합병 초기에는 인사부와 업무지원팀이 같은 본부 소속이었기에 2003년 본부별 신년 업무계획 보고 자리에 참석해서 뒷자리에 앉아 인사담당 상무의 보고 상황을 지켜볼 수 있었다. 하나은행과 합병한 지 두 달도 되지 않은 때여서 서울은행 직원들은 누구나 할 것 없이 많이 긴장하고 있던 때였는데 인사담당 상무의 음성과 보고받는 임원들의 음성이 크게 대비되어 지켜보는 내내 마음이 아팠다.

내가 연수를 마치고 돌아왔을 때는 인사담당 상무는 은행을 이미 떠난 상태였다. 들리는 얘기로는 임기가 더 연장될 수도 있었지만 자진해서 은행을 떠났다고 했다. 비서로 근무했던 직원이 전화를 통해 내가 연수과정을 1등으로 마쳤다는 소식을 먼저 전하니 기분 좋게 큰 소리로 웃었다고 했다. 나는 댁 주소를 확인해 작은 선물을 보내드린 후 전화로 귀국 인사를 했다. 이후 다른 직원을 통해 아들 결혼 소식을 듣고 결혼식장에서 인사를 하니 어떻게 알았냐며 반가워했다. 어떻게 내가 그 고마움을 잊을 수 있겠는가.

연수 대상자로 선정되자마자 인력개발실 담당자로부터 즉시 토플 시험을 신청하고 시험을 본 후 연락하라는 전화를 받았다. 토플 시험을 가장 빨리 볼 수 있는 날짜가 2주 후였고 토플 시험을 치른 후 인력개발실 담당자에게 전화하니 예상 점수 범위가 어떻게 되는지 물었다. 나는 은행 주관으로 실시하던 직원 대상 토익 시험에는 응시한 적이 있었지만 토플 시험은 처음이었기에 시험을 마친 후 컴퓨터 화면에서 예상 점수 범위를 확인할 수 있다는 것을 몰랐었다. 몰라서 확인을 안 했다고 하니 알았다고 하며 전화를 끊었다. 이후 토플 점수 결과를 제출하니 향후 일정을 알려줬는데 이듬해 1월에 수업이 시작되어 연수 대상자로 선발된 지 불과 세 달 만에 연수 대상자 중 가장 먼저 연수에 참여하게 되었다. 연수에 들어가기 전 인력개발실장의 안내로 주요 임원들에게 인사를 하니 정작 반대를 많이 했다고 들었던 부행장들은 축하한다며 잘 다녀오라고 했는데 또 다른 부행장은 "그간 일은 안 하고 공부만 해온 것 같은데 연수 다녀와서는 일 좀 해" 했다.

연수에 참여하고 나서야 일리노이 대학교 MSF과정에서 요구하는 최저 점수가 CBT 토플은 215점이었고 전형 일정상 토플 시험을 볼 수 있는 기회가 딱 한 번뿐이었다는 것을 알았다. 연수 대상자로 발표된 후 수많은 동료들로부터 합병의 최대 수혜자라며 축하를 받았었는데 정작 자격 미달로 연수가 취소될 수도 있었다고 생각하니 아찔했고 더욱 열심히 해야겠다는 생각이 들었다.

40세에 미국에서 대학생활을 하다니..
이 순간을 늘 기억하리라

일리노이 대학교 MSF과정 수업과목이 CFA(국제 재무분석사) 시험과목과 중복되는 것이 많아서 공부하기 비교적 수월했지만 교수들에게 양해를 구해 모든 수업 내용을 녹음해서 이동하는 시간 등을 이용해 수업 내용을 반복해서 들었다. 두 학기는 금융연수원에서 파견 교수와 겸임교수로부터 수업을 듣고 마지막 학기 수업과 졸업만 미국 어바나 샴페인 일리노이대학교에서 했기에 국내에 있는 동안에는 수업을 마치면 집 근처의 사설 독서실에서 공부했다.

비록 미국 체류 기간이 6개월도 되지 않았지만 상당수의 학생들이 가족을 동반했고 미국으로 들어가는 길에 하와이 여행을 하고 졸업 후에도 여행을 한 후 들어왔다. 하지만 나는 모든 게 조심스러웠기에 은행에서 항공료를 실비로 지원했음에도 국내 항공사 직항 노선 대신 가장 싼 항공권을 조회하여 동경을 경유하고 시카고 공항에 내려 학교가 있는 곳까지는 버스를 이용했다.

일리노이대학교가 있는 어바나 샴페인은 한국인 유학생이 많아 현지 한인교회에서 정착 지원팀을 운영하고 있었는데 미리 연락을 했더니 버스정류장까지 마중을 나와 내가 거주할 아파트까지 데려다줬다. 내가 살았던 곳은 아파트와 다세대 주택의 중간 형태였는데 푸른 잔디 위에 흰색 외관의 똑같은 집들이 넓게 펼쳐져 있었다. 가끔 오가는 버스에서 사람이 내릴 때를 제외하고는 거의 사람들을 볼 수 없어 솜털 같은 구름이 떠다니는 아름다운 파란 하늘 아래에 있는 조용한 동네가 처음에는 아름답고 평화롭게 느껴져 좋았다. 하지만 주위에 말할 사람 하나 없이 며칠을 혼자 지내다 보니 적막하고 외로움이 밀려와 한인교회에 나가게 되었고 사람들을 만날 수 있는 수업 시작일이 무척 기다려졌다.

일리노이대학교는 공대가 유명해서 한국인 유학생들이 많다고 했는데 한인교회에서 나를 도와줬던 사람의 남편도 공대 대학원생이었다. 도서관에서 밤늦게까지 공부를 하다가 문득 주위를 돌아보면 한국 학생들만 남아있는 경우가 종종 있었는데 그럴 때는 마치 한국 학교에 있는 것 같았다. 가을이 무르익었을 무렵 색색의 낙엽이 떨어져 있는 그림 같은 캠퍼스 잔디밭에 앉아서 학생들이 오가는 것을 바라보자니 이게 꿈인가 싶었다. 캠퍼스 모습을 카메라에 담으면서 앞으로 은행을 다니면서 아무리 힘든 일이 있더라도 이 순간을 생각하며 잘 이겨내리라 다짐했다.

한국에서 함께 공부했던 스무 명 가까이 되는 인원이 함께 갔기 때문에 낯선 곳에 대한 두려움은 없었지만 두 달 정도 지나서야 비로소 안정이 되었다. 그래도 세간살이가 거의 없는 썰렁하고 허름한 아파트에서 혼자 있는 것이 싫어 잠자는 시간을 제외하고는 대부분 학교에서 시간을 보냈다. 연수 동기들의 가족들이 함께 참여하는 자리도 종종 있었는데 즐거워 보이는 다른 가족들을 보면 한국에 있는 가족이 더욱 보고 싶었다.

추수감사절 휴강 기간에 노스캐롤라이나주에 살고 있던 바로 위 언니 집을 방문했다. 언니가 유명 프랜차이즈 아이스크림 가게를 하며 예쁜 집에서 화목하게 살고 있는 것을 직접 확인하니 기뻤고 마침 내가 방문하는 동안 조카가 세례를 받게 되어 의미 있는 자리에 함께 하는 것 같아 더욱 감사했다

향후 겪게 될 고난을 알리는 징후였을까?
온몸 마비 증세와 비행기 고장

11월 말경 각종 과제물 제출과 기말고사 준비로 잠을 제대로 못 잤기 때문인지 유독 몸이 힘들었던 날이었다. 수업을 마친 후 도서관에서 거의 꼼짝하지 않고 대여섯 시간을 앉아 공부하다가 더 이상은 견디기 힘들어 집에 가는 버스를 탔는데 5분도 지나지 않아 버스 안에서 마비 증세를 느꼈다. 갑자기 온몸에 식은 땀이 나며 기운이 쭉 빠져서 버스에서 내려 시원한 공기라도 마셔야 살 것 같았다. 정류장에서 버스를 멈추게 하려면 줄을 잡아당겨야 했는데 팔을 움직일 수 없었고 도와달라는 말을 하려는데 입도 열 수 없었다. 몇 정거장을 그대로 가다가 버스가 잔디밭에 맞닿는 정류장에 서는 것을 확인하고 문이 열리자마자 미끄러지듯이 잔디에 누웠다. 만원 버스였기에 안쪽으로 들어가지 못하고 문 옆에 있었고 버스 바닥이 땅과 평평하게 이어질 수 있었던 게 그나마 다행이었다. 옆에 있던 몇 사람이 깜짝 놀라 따라 내려서 "911 불러줄까?" 물어봤다. 다행히 차가운 맑은 공기를 마시며 누워있으니 마비 증세가 금세 풀렸다. 내가 움직이면서 이제는 괜찮다고 하니 사람들은 떠났고 어둠이 내려앉은 쌀쌀한 텅 빈 들판에 한참 동안 혼자 앉아 있으려니 눈물이 났다. 살던 곳이 멀지 않은 곳에 있었기에 천천히 걸어서 집에 도착했고 한국에 돌아가면 바로 병원에 가서 건강 검진을 받아야겠다고 생각했다.

은행을 떠나 공부하고 있는 동안에도 구 서울은행 직원들이 하나은행 조직에 적응하는 과정에서 발생하는 마음 아픈 일들에 대한 소식들이 계속 들려왔다. 서울은행 노조 간부가 인사부장 옷에 신나를 묻혀 해고가 될 것이라는 소식을 들었을 때는 두렵기까지 했다. 연수를 마친 후 어느 곳에 배치될지 알 수 없으므로 한 가지라도 더 많이 배워 가야겠다는 마음이었고 좋은 상사를 만날 수 있게 되기를 간절히 기도했다. 한인교회의 구역모임에서 기도 부탁을 하라고 할 때도 집중해서 기도할 수 있도록 오직 한 가지 기도만을 부탁했다.

"은행에 돌아가면 좋은 사람 만날 수 있도록 기도해 주세요"

일리노이주 어바나 샴페인의 겨울은 매우 춥고 바람이 많이 불었는데 졸업식이 있던 날은 유독 더 춥고 사람도 날려버릴 듯한 거센 바람이 불었다. 그리하여 밖에서는 사진 한 장 찍지 못하고 실내에서 동기들과 단체사진만 찍고 졸업식에 참석한 후 바로 집으로 돌아와 이튿날 아침 귀국길에 올랐다. 시카고에서 하룻밤을 묵고 비행기를 탔는데 출발 시간이 다 되어 이제 곧 이륙하나 싶었을 때 기체 이상이 발견되어 이륙이 지연된다는 방송이 나왔다. 이미 비행기를 탄 상태였기에 밖으로 나갈 수도 없었고 언제 이륙할지 모르는 상황에서 불안하고 지루한 기다림을 계속하다가 다섯 시간 만에 공항을 벗어날 수 있었다. 다행히 연결되는 비행기를 가까스로 놓치지 않아 동경에서 추가로 하룻밤을 묵지 않고 밤늦게 한국 공항에 도착할 수 있었다.

144

인사담당 상무의 당부대로 연수에 참가한 학생 중 1등, 전 과목을 4점 만점 학점으로 마칠 수 있었다. 일요일 하루를 쉰 후 바로 출근해서 귀국 보고를 하고 인력개발실장의 안내로 행장에게 먼저 인사를 했다. 행장은 내가 학술연수 대상자로 선발되었을 때도 반대를 안 했다고 했는데 "사회생활을 시작하면 대학 졸업장만 믿고 더 이상 공부를 하지 않는 사람들이 많은데 기특하다"라며 본인도 하루에 두세 시간씩 늘 공부한다고 했다. 서울은행 출신 여직원들 중에 일 잘하는 사람이 많다며 몇몇 여직원들을 거명하는 한편 나에게는 경영관리부 근무를 제안했다. 더불어, 실상 하나은행이 다른 은행들보다 여직원들에게 더 많은 기회를 주고 있는데 남녀 차별에 대한 오해를 많이 받고 있는 것 같다고 했다.

서울은행 근무 시절 은행 살림을 총괄했던 재무관리부에 근무해보고 싶다는 생각을 한 적이 있었기에 경영관리부로 발령을 받게 되니 매우 기뻤다. 내가 발령을 받자마자 서울은행 시절 경영혁신팀 소속으로 옆 사무실에서 근무했던 경영관리부장이 본부장으로 승진해 나가고 그 자리에 하나은행 공채 1기 출신인 부장이 새로 오게 되었다. 핵심 부서 부서장으로 발탁된 젊은 부장에 대한 기사들이 신문에 대거 실린 덕분에 새로운 부장보다 내가 한 살 더 많다는 것을 알게 되었다. 서울은행 근무 시절에는 내가 책임자 직급에서도 나이가 적은 편에 속했는데 경영관리부에서는 가장 나이 많은 사람이 되니 합병 전 우려했던 승진 연령 차이가 실감이 났다.

경영관리부는 하나은행이 대형은행으로 성장함에 따라 종합기획부에서 분리되어 나왔다고 했는데 신임 부장을 비롯한 실무책임자들은 종합기획부 시절부터 잔뼈가 굵었거나 경영관리부에 오래 근무해 온 사람들이었다. 나는 업무를 배워가며 중간 책임자 역할을 해야 된다고 생각하니 많이 긴장되었다. 다행히 새로운 부장은 나와 첫 대면한 자리에서 하나은행과 보람은행이 합병되었을 때 상처를 받고 조직을 떠난 사람들이 많다는 이야기를 하며 배려를 해줬다. 어지간한 일에는 늘 밝게 웃으며 "괜찮아요!" 하고 내가 경영관리부에서 잘 적응해 갈 수 있도록 많은 도움을 줬기에 간절한 기도가 응답을 받았구나 싶었다.

경영관리부장은 동기 중 선두 주자였고 한참 일할 나이였기에 더 높은 자리에 갈 줄 알았는데 2018년 초 퇴직 소식을 접하고 깜짝 놀라서 전화를 하니 그때도 여전히 "하하하" 웃었다. 내가 향후 계획이 어떻게 되냐고 물으니 "퇴직 사실을 알게 된 게 며칠 전인데요" 해서 2005년 초 경영관리부장을 처음 만났을 때 "열심히 잘 하겠습니다"라고 말하니 "같이 일하려면 코드가 맞는 게 가장 중요해요" 했던 말이 떠올랐다. 자회사 본부장을 끝으로 퇴직해서 매우 아쉬웠는데 이후 반년 만에 상장기업의 부사장으로 재 취업에 성공했고 이듬해 봄 그 회사의 대표이사로 취임하게 되었다는 것을 알게 되어 매우 기뻤다.

146

우리는 각자의 마음속에, 그리고 이 세계 속에 있는
선함이 실현될 것이라 믿어야 한다.

믿음이야말로 선함이 실현될 수 있는
최고의 조건이기 때문이다.

-톨스토이-

이제 죽나 보다.. 생각했는데,
동네 의원의 맞춤형 치료

　경영관리부에서 처음 맡았던 업무는 하나은행 소개 자료인 영문 연차보고서 책자(Annual Report)를 제작하는 일이었다. 처음 맡은 업무를 잘 해내야 된다는 부담감이 너무 컸기 때문인지 머릿속에서 일에 대한 생각이 떠나질 않아서 계속 잠을 설치게 되었다. 피로가 누적된 상태에서 귀국 후 바로 출근하여 독감을 앓았는데 이후 긴장된 상태로 잠도 제대로 못 자다 보니 결국은 몸에 이상이 생겼다. 제작 업체와의 첫 회의를 앞둔 전날, 일요일이라 집에서 쉬고 있었는데 이따끔씩 방이 빙글빙글 도는 느낌이 들었다. 바닥이 위로 가고 천장이 아래로 오는 식으로 계속 돌다가 멈추곤 했는데 오늘 하루 푹 쉬면 나아지겠지 하며 대수롭지 않게 생각했다. 그래서 일찌감치 잠자리에 들었는데 매우 심한 어지러움을 느껴 잠을 깨게 되었다. 몸은커녕 고개를 조금도 움직일 수 없을 정도로 어지러웠고 온 주위가 빙글빙글 도는 것이 멈추질 않았다.

미국에서 마비 증상을 겪으면서 귀국하자마자 바로 병원에 가봐야겠다 했지만 미루고 있었던 터라 단순히 피로가 누적되어 나타난 현상이 아닌 건강에 큰 이상이 생겼구나 싶은 생각이 들었다. 119 구급 대원들 마저 나를 보자마자 "젊은 사람이 참 안되었네"라고 말하니 뇌에 큰 이상이 생겨 죽는 건가 싶었다. 그런데 들것에 실려 나가는 동안 죽음에 대한 두려운 마음이 전혀 들지 않아 놀라웠고 다만 우는 딸을 바라보니 '내가 잘못되면 저 어린 것이 엄마 없이 살아가야 할 텐데 어떡하나..' 하는 생각이 들었다. 병원 응급실 의사가 내 증상을 듣더니 뇌 이상은 아니고 평형기관에 이상이 생긴 것 같다며 대수롭지 않게 이야기하며 응급처치를 해 주니 큰 걱정은 안 하게 되었다.

긴급 처방을 받고 하루를 쉬면서 00대학병원에 진료 예약을 했다. 예약을 도와줬던 지인은 나와 똑같은 증상으로 오랫동안 고생하고 있는 사람을 알고 있는데 완치가 쉽지 않은 것 같다고 했다. 예약 후 2주 후에 전문의를 보게 되었는데 의사 또한 완치 가능성에 대한 언급은 하지 않고 정기적으로 진료를 받아야 한다고 했다. 이후 처방해 준 약을 먹으면서 증상이 많이 완화되긴 했지만 어지럼증은 계속되었고 직장 생활을 하며 정기적으로 대학 병원에서 진료를 받는 것도 쉽지 않을 것 같아 마음이 착잡했다.

자리에 앉아서 일할 때는 그런대로 견딜만했는데 일어나서 걸으려면 휘청거리는 느낌이었다. 어지럼증이 많이 완화되었다가 다시 더 심해졌는데 대학병원 진료 예약일까지 날짜가 많이 남아 있는 상태여서 긴급 처방이라도 받아볼 수 있을까 싶은 마음으로 주말에 동네 의원을 방문하게 되었다. 의사가 내 증상을 듣더니 본인도 의대 재학 시절 잠을 안 자고 공부하다가 똑같은 증상을 겪었다며 본인 치료를 위해 쓰였던 약을 처방해 줬다. 덕분에 처방해 준 약 복용을 시작한 후 열흘도 안돼 어지럼증이 깨끗이 사라졌다.

경영관리부 근무, 일 속에 묻혀 긴장된 하루하루

연차보고서(Annual Report)는 매년 발행하는 책자였음에도 여러 사정으로 작업 착수가 매우 지연되어 해외 투자설명회 일정을 감안하면 시일이 매우 촉박했다. 그리하여 교정작업을 할 때는 제작사에서 밤을 꼬박 새우고 바로 은행으로 출근해야 했다. 가까스로 기일에 맞춰 책이 완성되었는데 책 뒷부분에 첨부한 회계감사보고서에 오류가 있음이 뒤늦게 발견되니 눈앞이 아찔했다. 해외 투자설명회 일정이 며칠 앞으로 다가와 책자를 다시 제작하여 일정에 맞추기는 불가능해 책자 대신 CD를 제작하기로 했다. 그런데 행장의 해외출장 출국일 아침 제작사로부터 CD를 받아 내 컴퓨에 넣고 확인해보니 CD 구동이 안되었다. 가슴이 두근두근 기절할 것 같은 마음을 진정하며 제작사에 연락하여 다시 제작하도록 했고 제작사 본부장과 함께 공항에 가서 행장 비서에게 가까스로 전달할 수 있었다.

두 번째 맡은 일은 자산부채종합관리 위원회(ALCO: Asset and Liability Committee) 업무였다. 지주회사가 설립되면서 행장은 금융 지주 회장이 되고 합병 업무를 총괄했던 부행장이 행장이 되었는데 신임 행장이 경영관리부장을 대할 때면 큰 형님이 똑똑한 막냇동생을 대하는 듯했다. 원래 자산부채종합관리 업무를 담당하는 부서가 따로 있었지만 경영관리부에 다른 방식으로 시도해 보라는 주문을 해서 내가 맡게 되었다.

나로서는 경영관리부 업무마저 초보인지라 어려움이 더 많아서 회의를 앞두면 거의 밤을 새우기 일쑤였고 경영관리부장도 많은 고생을 했다. 급기야 내가 사고를 쳤는데 회의 시작 10여 분 전에 준비했던 자료에 큰 오류가 있는 것을 발견했다. 하지만 경영관리부장은 그런 상황에서도 화를 내지 않고 침착하게 자료를 챙겨 회의에 참석하여 잘 마쳤다. 이후 자산부채종합관리 위원회 관련 업무는 경영관리부에 오랫동안 근무해왔던 직원이 하고 나는 예산관리 업무를 맡게 되었다.

예산관리 업무는 신년도 예산 계획을 수립할 때가 가장 바빠서 가을부터 겨울까지는 거의 휴일도 없을 지경이었다. 업무에 대한 매뉴얼도 없었고 기준도 명확하지 않았기에 첫해는 전임자가 했던 것을 보고 감으로 하면서 어려움도 많고 아쉬움도 많았다. 그래서 이듬해에는 각 부서가 신청하는 예산의 타당성을 철저히 심사하기 위해 일찌감치 심사 자료를 많이 수집했다. 일부 예산 항목에 대해서는 매 분기별로 연간 예산을 다시 검토해서 조정했기에 주말에도 집에서 일을 해야 하는 경우가 많았는데 당시 초등학교 저학년이었던 딸아이는 "엄마는 노는 시간도 없고 너무 불쌍한 것 같아, 나는 크면 회사 안 다니고 싶어" 했다. 예산관리 업무에 대한 전산화가 일부만 되어 있었기에 전산 개선 작업도 병행해야 해서 쉴 틈이 없었고 늘 수면시간이 부족해서 체력에 한계를 느끼게 되니 나보다 더 많은 야근을 하면서도 체력적으로 덜 힘들어 보이는 젊은 남자 직원들이 부러웠다.

당시 경영관리부는 야근 안 하는 날이 거의 없을 정도로 매일 야근을 했는데 근무 초창기에는 구내식당을 이용하는 대신 전 부서원들이 거의 매일 배달음식으로 저녁식사를 했다. 그때 경영관리부와 업무 연관성도 높고 직원들과도 가깝게 지냈던 옆 사무실 여직원이 사무실을 돌아다니며 직원 개개인별로 식사 주문을 받았는데 나는 늘 건너뛰어 직원들이 각자 주문한 음식을 가져가고 나면 남은 음식이 내 것이었다. 모든 게 조심스러웠던 부임 초기 시절 나 이외에 한 사람을 제외하고는 모두 구 하나은행 직원이어서 내색 없이 지낼 수밖에 없었는데 하루는 옆자리에서 일하던 동료 직원이 그 직원에 대해 내게 이렇게 말했다.

"00는 외국에서 자랐는데도 가정 교육을 참 잘 받은 것 같아요. 참 예의 바르고 싹싹하지요?"

당시 경영관리부와 나란히 붙어 있던 종합기획부에는 서울은행 경영혁신팀 근무 시절 상사였던 직원이 근무하고 있었다. 종합기획부장은 행장 및 주요 임원과 함께하는 신년 맞이 오찬 자리에 구 하나은행 직원만 살짝 데리고 갔다는 얘기를 듣고 나는 부장을 잘 만나 그나마 다행이다는 생각이 들었다. 내가 경영관리부에 근무하는 동안 나의 가장 큰 바램은 나보다 경영관리부장이 부서에 더 오래 근무하는 것이었다.

PB는 나의 운명

영업은 결과가 정직할 것이라는 믿음으로

나는 영업은 결과가 정직하다는 믿음을 늘 갖고 있었는데 내가 PB 직에 지원할 무렵 영업에서 성공한 사람들의 자서전이 유독 많이 출간되었다. 나 또한 영업점에서 고객들을 대할 때가 가장 즐겁고 보람도 컸었기에 그러한 책들을 읽으면 크게 공감이 되었고 나도 영업을 하고 싶다는 마음이 크게 부풀어 오르곤 했었다. 신년 출발 행사 때 영업대상을 받은 지점장이 전 직원들의 박수 속에 깃발을 힘껏 흔드는 모습을 보면 전율이 느껴지며 눈물이 날 정도였다. 하나은행의 서울은행 인수 확정 소식을 듣게 되었을 때 하나은행 홈페이지에 들어가 하나은행에서 대표적으로 소개하고 있던 PB(Private banker: 개인 자산관리인)들의 면면을 가장 먼저 살펴보았다. 당시 하나은행은 PB영업 선도은행이라 자부하고 있었으므로 하나은행에서 최고 PB가 된다면 대한민국 최고 PB가 될 수 있겠다 싶었다. CFA(국제 재무분석사) 3차

시험 교재에 나오는 자산관리 사례를 접할 때는 내가 직접 고객 자산을 관리하는 상상을 했었다. 하지만 나는 10년 가까이 본점에 근무하고 있었으므로 영업에 대한 생각은 마음뿐이었고 나이도 적지 않아 특히 PB직으로 가게 될 가능성은 거의 없을 것 같았다.

그런데 2007년 하나은행이 PB제도 개편 방안과 함께 전문PB 양성 방안을 발표했고 행장보다 연봉을 많이 받는 PB가 나오게 할 것이라는 행장의 인터뷰 기사가 신문에 실렸다. PB영업은 기존PB들 중에서 선별된 골드PB만 가능하게 하는 한편 PB에 대한 지원과 교육에 대한 투자를 과감하게 할 것이라고 했다. 직원들은 행장이 PB영업의 본산인 스위스 소재 UBS은행을 방문하여 자극을 받은 것 같다고 했다. 투자상품영업 확대에 대비하여 금융그룹 내에 CFA(국제 재무분석사) 인력을 100명 이상 육성하라는 회장의 특별지시도 있었기에 나는 하나은행이 PB영업에 대한 새로운 장을 열 것으로 기대했다. 예산담당 책임자로서 PB제도 개선안을 보면서 마음이 설렜지만 나는 본점 근무 직원이었기에 골드PB 선발에 응할 수 있는 자격이 안되어서 매우 아쉬웠다.

2007년에 펀드 가입 열풍이 지속되면서 PB영업점에 근무하던 많은 직원들이 증권사로 이직함에 따라 그해 10월 예비 골드PB 공모를 하게 되었고 본점 근무 직원에게도 기회를 줬다. 당시 인사부 게시판에는 직원 퇴직에 관한 소식을 올렸는데 증권사로 이직한 일부 PB에 대해서는 소식을 알리지 않았다. 게다가 임원 회의에 배석했던 직원이 "회의 시간 내내 임원들이 다른 얘기는 않고 증권사로 이직하는 PB들에 대한 이야기만 했다"라고 전하는지라 하나은행에서 당당하게 근무하려면 능력 있는 PB가 되어야겠구나 싶었다. 또한 내가 경영관리부에 근무한 지 만 3년이 되어감에 따라 향후 진로에 대한 생각도 많이 하던 상황이었다.

당시 내가 속해있던 경영전략본부에는 나와 같은 직급인 사람들이 100명 정도 있었는데 대부분 구 하나은행 직원이었다. 내가 발령받았을 당시 담당 본부장은 사무실이 경영관리부 바로 옆에 있었는데 잠깐 같이 근무하는 동안 다른 직원들의 인사는 받으면서도 내가 인사를 하면 늘 못 본체 했다. 이후에 온 본부장도 구 하나은행 출신이었는데 후배 직원들을 매우 각별하게 대했기에 상대적으로 나는 오히려 서먹한 느낌이었다.

서울은행 출신 직원은 역삼각형 구조로 인사적체가 심해서 승진 대상이 된 후 바로 승진하지 못하면 곧 연령 초과로 승진 대상에서 아예 제외될 수 있는 상황이었다. 특히 여직원의 경우는 회장이 행장 시절 직접 발탁한 경우를 제외하고는 상위 직급으로의 승진이 거의 막혀 있었다. 하지만 골드PB가 되면 본부장의 직접 통제를 받으며 1인 지점처럼 활동한다 하니 설령 승진이 안되더라도 괜찮을 것 같았다. 향후 5년 후의 내 모습을 상상해 봤을 때 PB가 되는 것이 가장 나을 것 같았고 더군다나 성과급을 잘 받게 되면 가정경제에도 훨씬 도움이 되겠다 싶었다.

본점에 오랫동안 근무해왔던 내가 갑자기 예비 골드PB 공모에 지원한다고 하니 많은 사람들이 놀라워했다. 특히 외부에서 영입된 담당 부행장은 경영관리부장에게 "이차장이 도대체 왜 PB직으로 가려 하는지 이해할 수 없는데 그 이유를 아느냐?"라고 물었다고 했다. 경영관리부장도 내가 일이 많은 경영관리부를 도망쳐 나가는 것으로 생각하는지 내심 섭섭해하는 것 같았다.

내가 PB직에 지원했다고 하니 퇴직을 앞둔 서울은행 선배가 점심을 사줬는데 모 증권사 직원으로부터 연 30% 수익을 보장한다는 팩스를 받았다고 했다. 내가 그 사람은 금융상품 투자의 기본도 모르는 사람인 것 같으니 조심하라고 하자 선배는 "이차장도 PB영업을 잘 하려면 자신 있게 투자 수익을 제시해야 해"하며 오히려 내게 충고를 했다. 인사이트 펀드에 가입하기 위해 사람들이 줄을 선다는 뉴스가 나오던 때였다.

내가 믿는 게 아니었는데.. 어떻게 이럴 수 있어

2007년 10월 예비 골드PB 면접이 있은 후 며칠 지나지 않아 저녁식사를 하고 돌아오던 중 PB사업부 직원들과 마주치게 되었는데 그중 한 명이 "곧 발령 나겠네요" 했다. 그 말을 듣고 나니 증권사로 이직한 직원들의 자리를 메꾸기 위해 즉시 발령을 낼 수도 있겠다 싶었다. 하나은행 영업점 전산 시스템을 전혀 몰랐기에 PB로서 일을 하려면 여러 가지 배울게 많아 출퇴근 시간이 부담이 되면 안 되겠다는 생각이 들었다. 당시 내가 살던 곳에서 대부분의 PB영업점들이 있는 강남 지역까지는 한 시간도 넘게 걸렸고 초등학교 고학년이 되는 아이가 혼자 걸어서 학원을 다닐 수 있으면 좋겠다는 생각을 하고 있던 참이었으므로 이참에 강남 지역으로 이사를 하는 것이 좋을 것 같았다.

강남구 대치동에 전세를 얻어 이사한 지 한 달이 채 안 된 2008년 1월 초에 영업1부 골드클럽(PB센터 이름)의 일반 책임자로 발령을 받았다. 내가 오랫동안 본점에만 근무해 왔기에 바로 PB직을 수행할 수 없을 것이니 우선 PB 지원 업무부터 시작하라는 것이었다. 창구 전산조작 업무를 총괄하고 PB영업을 위해 행사를 준비하는 등 PB영업을 지원하는 일과 외국계 기업 및 관련 외국인 거래를 담당하게 되었다.

그런데 2008년에 행장이 바뀌면서 PB제도 개편안은 없던 일이 되었고 일반 영업점에서 PB가 아닌 VIP고객 전담 책임자로 불렸던 직원들은 다시 PB직으로 복원되었다. 이에 영업1부 PB센터장은 내게 이제 예비 골드PB가 의미 없게 되었으니 일반 영업점에서 PB직을 시작해야 할 것이라고 했다. 나로서는 전혀 예상하지 못했던 일이어서 당황스러웠는데 영업1부 지점장이 골드클럽

PB로 발령받을 수 있도록 PB사업본부장에게 잘 말해줄 테니 걱정하지 말라고 했다.

2008년 가을, 금융 위기로 주가가 폭락하면서 가입하기만 하면 돈이 늘어났던 펀드 계좌들이 미처 손쓸 겨를도 없이 손실이 계속 확대되고 있었다. 대부분의 고객들과 PB들이 펀드 투자의 대규모 손실 사태는 처음이었기에 금융시장에 대한 암울한 전망들이 넘쳐나던 상황에서 두려움 속에서 갈피를 잡지 못하고 있었다. 당시 나는 PB상담을 기다리며 객장에 초조하게 앉아 있는 고객들의 상한 마음을 위로해 주기 위해 애썼는데 고객들이나 PB들의 마음고생을 가까이서 지켜보게 되니 PB직에 대한 두려운 마음이 들었다. 당시 평생 모았다는 60억 가까운 금융자산을 거의 반 토막이 된 상태에서 계좌를 해지한 후 은행을 나가던 60대 남자 고객의 통한의 울음소리가 아직도 귀에 생생하다.
"내가 믿는게 아니었는데.., 어떻게 이럴 수 있어"

PB로서의 성공을 자신하며 어머니와 아이 아빠를 설득해 집을 고양시에서 서울 강남으로 이사하고 아이 아빠 작업실마저도 함께 옮겼기에 쌓여있던 아이 아빠의 불만이 폭발하기 시작했다. 늦은 나이에 신임PB로 새 출발을 하려니 마음이 급해서 가사에 여전히 신경을 쓰지 못하니 아이 아빠는 어머니가 집안일을 맡아서 해주기 때문에 내가 아예 하숙생처럼 생활한다고 했다.

승자가 모든 것을 다 차지하죠
(The winner takes it all)

2009년 1월 PB로서 압구정지점에 부임하니 다시 신입행원이
된 느낌이었다. 부임 첫 주 토요일 시댁에서 받아 보관해 둔 쑥으
로 인절미를 맞춰 주요 고객들의 댁을 찾아 부임 인사를 했다. 어
떤 고객은 문밖까지 나와 한참을 바라보며 배웅해 주기까지 했는
데 내 욕심이 내 눈을 가리지 않기를 기도하며 오로지 고객만 바
라보며 일하리라 다짐했다. 진심은 통하고 영업의 결과는 정직할
것이라는 믿음을 갖고 있었으므로 새로운 환경에 대한 두려움보
다는 설렘이 더 컸다.

하지만 당시는 금융위기가 한창일 때여서 대부분의 고객들 마
음이 얼어붙어 있어 곧 냉혹한 현실을 마주하게 되었다. 다른 지
점으로 계좌를 옮겨달라는 요청을 하며 다시는 압구정지점에 방
문할 일 없을 것이라는 고객의 집을 찾아가 아파트 경비실에 선
물만 놓고 되돌아오면서 차가운 겨울바람을 맞으며 걷는데 눈물
이 핑 돌았다.

부임 후 한동안은 지점을 방문하는 고객이 거의 없었고 그나마
방문하는 고객들도 마음이 꽁꽁 얼어 있어 대하기조차 어려울 정
도였다. 나는 우선 압구정동 주민들과 친해지기 위해 주민 모임
과 강좌 등에 참여했고 때로는 막막한 마음을 달래기 위해 지점

주위를 혼자 돌아다니기도 했다. 그러다 하루는 압구정지점과 같은 건물에 있던 계열 증권사 직원 L부장을 만나 점심시간을 이용해 근처 교회 기도실에 가게 되었다. L부장이 나를 위해 소리 내어 기도하는 동안 나는 옆에서 무릎 꿇고 앉아 기도가 이루어지기를 간절히 바랐다.

"하나님, 연정 언니가 지금 너무 막막하다고 합니다. 기적이 없으면 그 자리에서 살아나지 못할 것 같다고 합니다. 연정 언니한테 좋은 손님 많이 붙여 주세요."

미국에서 공부하는 동안 한인교회에 다녔었지만 한국에 들어온 후로는 다시 교회를 다니지 않고 있었는데 그날 이후 교회에 다니게 되었고 교회를 매우 싫어했던 아이 아빠도 1주일에 한번 예배 출석하는 것만큼은 더 이상 반대하지 않았다.

시간이 지나면서 고객들이 서서히 마음을 열고 금융시장도 회복되면서 본격적으로 PB로서 일을 시작할 수 있었다. PB사업본부에서도 본격적으로 영업실적 독려에 나서면서 압구정지점 인근 PB들의 첫 영업추진 회의에 참석하게 되었다. 타원형 모양의 탁자의 한쪽 끝 중앙에 앉아있는 PB사업부장에게 각 PB들이 돌아가면서 영업활동 내역 및 실적을 보고했다. 실적이 좋은 PB의 발표가 끝나면 PB사업부장의 칭찬과 참석자들 전원의 큰 박수가 이어졌고 실적이 부진한 PB의 발표 끝에는 PB사업부장의 질책이 이어졌다. 그런 자리가 처음이었던 나는 각 PB별 영업 실적에 따라 너무나 대비되는 반응이 놀라웠고 점점 내 차례가 다가오자 두려운 마음이 들었다. 당시 내 자리는 전임PB가 3년 동안 고전했던 곳으로 씨를 뿌리고 열매를 맺기까지는 최소한의 시간이 필요하다 생각했기에 나는 내 상황을 보고하고 올 한 해만 시간을 달라고 했다. 다행히 질책은 면할 수 있었는데 얼마 후 다른 지역에 근무하는 여자PB로부터 전화를 받았다.

"00 PB가 그러던데 이 연정 팀장은 압구정 같은 좋은 곳에서 일하면서도 회의 시간에 변명만 늘어놨다고 하더군요"

다행히 새해 영업 기산일인 12월이 되자마자 거액의 자금이 들어와서 큰 부담을 덜고 활기차게 새해 영업을 시작할 수 있었다. 선배 직원 소개로 토지보상금을 받게 된 새로운 고객과 상담하게 되었는데 그 고객은 내 대학 선배였고 원래 거래하던 은행에서 실수를 하는 바람에 내 고객이 되었다. 외국에 거주하던 고객도 한국 방문 중에 만나게 되는 등 기존 고객들과의 거래가 활성화되어 그야말로 기적처럼 2010년 첫 번째 가평가에서 전체 골드PB 중 1등을 했다.

2010년에는 주가가 크게 상승한데다 내가 선택했던 공모 펀드들이 타 펀드 대비 수익률이 월등한 상품들이 많아서 1년 내내 즐겁고 보람 있게 근무할 수 있었다. 오로지 고객만을 바라보며 일한다는 생각으로 전심을 다해 일한 결과 금융투자상품을 외면했던 사람들도 나와 함께라면 같이 해보고 싶다고 할 정도였다.

하지만 전년 대비 계수나 이익금 면에서는 획기적인 성장을 했음에도 연간 KPI(Key Performance Index:핵심 성과 지표) 평가 성적은 40명 중 10위에 불과했다. 다른 해와는 다르게 2010년에는 분기별로 새롭게 목표를 부여해 평가를 했고 내 자리는 PB중에 대출금이 가장 많았는데 대출금이 상환되면 두 배를 채워 넣어야 되는 조건이어서 대출 점수 0점을 받았다. 대출업무는 PB가 직접 다룰 수 없어 신규 실적은 업무를 처리해 주는 지점과 반반으로 나눠가졌기 때문이었다.

새해가 되자마자 승진인사가 있었고 바로 옆자리에 앉아 근무하던 직원과 옆 점포의 직원이 나란히 승진했다. PB로서는 경력도 많고 좋은 성적을 내고 있었지만 출신은행이 다르고 나보다 나이가 5~6세 아래였기에 허탈감은 이루 말할 수 없었다. 특히 PB가 되기 위해 강남으로 이사한 후 어머니와 아이 아빠의 관계가 급격히 나빠져서 결국은 어머니가 따로 나가게 된 후라서 더욱 마음이 힘들었다. 아바(ABBA)의 더 위너 테익스 잇 올(The winner takes it all : 승자가 모든 것을 차지하죠)의 가사가 내 마음을 말해주는 것 같았다.
'말하고 싶지 않아요, 우리가 겪은 일에 대해서, 난 모든 수단을 다 써봤어요, 더 이상 뾰족한 수도 없고요, 승자 옆에 초라하게 서 있는 패자, 그게 그녀의 운명이죠'

홍콩PB 지원, 쓰러지는 게 두려워 달려갔던 길

이후 얼마 안 있어 PB사업부로부터 홍콩 PB 공모 공문이 도착했다. 하나은행은 2005년부터 홍콩지점에 PB 한 명을 배치해 왔었는데 2010년 가을에 현지PB 자격 시험을 통과한 후 2011년 초에 발령받을 예정이었던 직원이 인사발령일 당일 부임을 포기하는 바람에 그 직원에 대해서는 PB직을 면직 처리하고 대신 부임할 사람을 모집하는 것이었다. 남자 PB들만을 미리 준비시켰다가 보내왔기에 예기치 않은 사태로 인한 갑작스러운 공모가 운명적인 기회처럼 느껴졌다. 세 명의 남자 직원들을 제치고 내가 선발되었는데 훗날 듣기로는 나의 돌파력이 인정되었기 때문이라고 했다.

PB는 개인고객의 자산관리 동반자이다. 비록 내가 PB직을 수행하기 전에 기대했던 PB제도와는 차이가 컸지만 고객과 함께하면서 큰 보람을 느끼며 열정을 쏟았기에 갑자기 고객들에게 압구정지점을 떠나게 되었다는 이야기를 하기가 어려웠다. 하지만 대부분의 고객들이 한편으로는 아쉬워하면서도 나에게는 매우 잘된 일인 것 같다며 진심으로 축하해 줬다. 사실 나는 40대 초반까지만 해도 부자들은 냉정하고 깐깐할 것이라는 막연한 편견이 있었는데 압구정지점 고객으로 만났던 사람들은 대부분 배울 점이 많은 인생의 선배들이었다. 당시 내가 가정생활로는 많이 힘든 시기였음에도 불구하고 상담실에서 고객들과 이런저런 이야기를 하다 보면 모든 시름을 잊을 수 있었다.

근무하던 지점을 떠나면 후임 PB와 고객과의 관계에 방해가 될 수 있기에 압구정을 떠난 이후로는 고객에게 연락하기조차 조심스러워 이제는 대부분 연락이 끊긴 상태이다. 해외에서 한국으로 들어온 후 매우 힘든 상황이 지속되었기에 더욱 연락할 수 없었지만 다른 직원들을 통해 내 소재를 물었다는 고객들의 소식을 들을 때면 힘든 가운데서도 큰 위안이 되었다.

유난히 기억에 남고 고마운 고객 중 한 사람은 매우 깐깐한 듯하여 내가 압구정지점에 부임한 후 처음 몇 달 동안은 대하기조차 어려웠던 사람이었다. 오랫동안 기업을 운영해 온 사람이었는데 내가 금액을 말할 때 일원짜리를 반올림해서 말하면 정확히 말하라고 했고 본인에게도 지나치게 검소하여 자린고비 같다는 느낌이 들 정도였다. 여러 금융기관을 거래하며 담당자들로부터 다양한 이야기를 들어본 후 명확한 기준을 가지고 매우 신중하게 투자의사결정을 했었는데 1년이 지나 나를 믿게 된 후에는 제안하는 내용을 거의 그대로 수용했다.

전화로 홍콩지점 발령 소식을 전하니 다음날 지점을 방문해서 내게 봉투 하나를 줬다. 고객으로부터 금전은 절대 받을 수 없지만 발령받아 떠나게 되니 직원들에게 그 고객이 대접하는 것으로 해서 점심을 사 주면 좋을 것 같아서 거절하지 않았다. 10만 원

정도 들었을 것으로 생각했는데 100만 원짜리 수표 10장이었다. 깜짝 놀라서 바로 전화를 해서 양해를 구하고 고객 계좌에 입금했지만 마음은 매우 감사했다.

홍콩지점 발령이 확정되자마자 홍콩 근무를 위한 현지 자격시험을 신청하여 시험을 통과하니 PB사업부 소속 압구정 지점 파견으로 발령을 냈다. 해외지점 발령 절차에 따라 내 소속이 바뀌었고 1개월 후부터 홍콩지점에서 근무하게 될 것이라고 했다. 하지만 홍콩 지점에서는 근무할 사람이 정해졌으니 하루라도 빨리 보내달라고 하고 PB사업부에서는 해외 지점 부임 절차대로 이행한다며 서로 줄다리기를 하고 있다는 소식이 들렸다. 이에 PB사업부 인사담당자에게 홍콩지점 부임 시기가 빨라지는 것은 아닌지 문의하니 PB사업부의 방침은 파견 발령일로부터 1개월 후 부임이니 그런 줄 알라고 했다. 그런데 통화를 하고 며칠 지난 목요일 오후 PB사업부 부팀장과 홍콩지점장이 전화로 합의했으니 다음 주 월요일부터 홍콩지점에서 근무하라고 했다. 이에 나는 부랴부랴 출국 준비를 해서 주말에 홍콩으로 향했다.

못난 소나무 PB

선교사와 같은 마음으로 일하리라

나로서는 운명적인 기회라 생각하며 홍콩지점 PB 공모에 응했지만 쉽지 않은 자리라는 소문이 파다했고 수개월 전에 내정되어 발령을 준비해온 직원이 인사발령일에 부임을 포기했기에 두려운 마음이 없지 않았다. 하지만 이태석 신부에 관한 다큐멘터리를 본 후 나를 키워준 조직에서 일하는 건데 무슨 일인들 감당을 못하겠나 싶은 마음이 들고 선교사와 같은 마음과 열정으로 일을 해야겠다는 다짐을 하게 되었다. 한편으로는 내가 상대적으로 젊은 나이가 아님에도 불구하고 근무 신청을 허용해 준 홍콩지점장에게도 감사한 마음이 들었다. 경영관리부 근무 시절 홍콩지점장이 기획업무를 매우 잘한다는 이야기를 들었기에 내 역량을 키울 수 있는 좋은 기회가 될 수도 있겠다는 생각이 드니 시간이 지나면서 두려움이 오히려 희망으로 바뀌었다. 첫 6개월간은 단신 부임 조건이었기에 가족들에게 미안했지만 더 나은 미래를 위한 최선의 선택이라고 스스로를 위로했다.

홍콩지점은 홍콩에서 가장 높은 ICC빌딩에 자리 잡고 있었는데 지점에 도착하니 휴일임에도 불구하고 한국 직원들이 모두 나와 있었고 반갑게 맞이해 줬다. 직원들과 함께 저녁식사를 하게 되었는데 홍콩지점에서 근무하고 있던 전임 PB가 울컥 눈물을 보이더니 감정을 추스르기 위해 잠시 밖으로 나갔다 들어왔다. 전임 PB는 내가 영업1부에서 PB 지원 책임자로 일할 때 같이 근무했던 직원으로 매우 선한 마음을 가진 사람이었는데 그간의 마음고생이 느껴졌다.

홍콩지점 지점장은 30대 때부터 알아온 친구 한 명을 제외하고는 합병 전에 내가 안면이 있던 유일한 하나은행 직원이었다. 1997년 금융연수원 국제금융 MBA과정에 각각 서울은행과 하나은행 직원으로 함께 참여했었기에 비록 반이 달라서 서로 대화를 나눈 적은 없었지만 서로 얼굴은 알고 있었다. 더욱이 홍콩지점장이 지주회사에 근무하는 동안 경영관리부와 업무적으로 연관이 많아 경영관리부를 가끔 방문했었기에 더욱 낯설지 않았다. 부임하고 나서는 홍콩지점장 가족 중에 내 딸과 생일이 같은 사람도 있다는 걸 알게 되니 왠지 특별한 인연인 것 같았다.

홍콩지점 PB 자리 공모 공문에도 구체적인 내용은 없었기에 홍콩지점 PB의 주된 역할이 무엇일지, 어떻게 업무를 할지에 대해 아는 것이 별로 없었다. 한국에 있는 이전 근무 직원에게 물어보니 "한국에서 일하는 것과 크게 다를 게 없어요" 해서 그러할 걸로 생각했었다.

하지만 막상 부임하고 보니 서울의 63빌딩 같은 큰 건물의 한 사무실을 쓰는 이름 없는 외국계 은행 지점에 더부살이하며 PB 영업을 하고자 하는 양상이었다. 만일 그러한 상황이 아니었다면 내가 홍콩지점에 아예 올 수조차 없었을 것이니 당장은 막막한 심정이었지만 새로운 길이 열릴 수도 있을 것이라는 기대를 하며 내가 할 수 있는 일에 차근차근 최선을 다해 나가겠다고 마음먹었다.

홍콩지점에서 PB로 근무하기 위해서는 현지 자격시험을 통과한 후 홍콩 금융당국의 승인이 있어야 했다. PB경력 최소 3년을 요구하고 있었는데 전임자들은 충분한 경력을 갖춘 사람들이었기에 조건을 간과해서 내가 홍콩에 부임할 수 있었던 것 같았다. PB경력은 고작 2년 밖에 되지 않았던 나는 PB 지원 책임자 경력과 하나금융그룹 내 CFA연구회 회원 경력을 추가하여 보완자료로 제출했다. 하지만 두 달 가까이 승인이 지연되니 다시 한국으로 돌아가게 되는 건 아닌지 불안했다. 당시 금융감독원에서 근무하고 있던 일리노이대 MSF과정 동기를 통해 알아보니 금융감독원을 통해 나에 대한 신원 조회까지는 다 마쳤다고 하며 승인이 더 이상 지체되지 않도록 도와줬다.

부임 후 얼마 지나지 않아 지점장 주선으로 홍콩 교민 신문에 인터뷰 기사가 실림으로써 코위너(KOWINNER: 세계한민족여성재단) 홍콩지역 대표로 활동 중이던 대학 선배와 연결이 되었다. 마침 세계 각국에서 활동하는 한국인 여성들의 교류 증진을 위한 코위너 국제행사가 홍콩에서 있었고 선배 소개로 홍콩 대표들을 한자리에서 만날 수 있었던 덕분에 이후 내가 홍콩 생활을 하는 동안 많은 격려와 힘을 얻을 수 있었다.

홍콩지점에 부임한 지 4개월이 채 안 되어 주재원으로 전환됨에 따라 전 가족이 거주할 수 있는 아파트로 이사할 수 있었다. 지점 사무실과는 걸어서 5분 거리였고 거실에서 바다가 시원하게 보였다. 이어 홍콩에 들어오면서 아예 포기했던 CFA(국제 재무분석사) 3차 시험 합격 통지를 받았다. 가장 낮고 초라한 모습으로 은행에 들어와서 두 차례에 걸쳐 학술연수를 받고 해외 주재원이 된 데다 국제적으로 인정받을 수 있는 금융자격증까지 취득하게 되니 모든 것을 이룬듯 감격스러웠다.

당시 나는 현실적인 영업 환경을 생각하면 막막한 마음이었지만 지나온 시간을 생각하면 너무 감사해서 매일 아침 사무실에 출근하면 복음성가 '하나님 은혜'를 틀어놓고 기도를 했다. 하나은행의 '하나'가 더욱 특별하게 느껴졌고 아시아 변방의 이름 없던 전자회사 삼성전자가 세계적으로 알아주는 일류 기업이 되었듯이, 하나은행도 그렇게 되는 날을 상상하며 내가 한 알의 밀알이 될 수 있기를 기도했다. 경영관리부 근무 시절 경영관리부장이 일하다 죽어도 좋다는 말을 해서 당시에는 이해가 되지 않았는데 그 마음이 이해되었다. 내 생애의 다음 단계마다 늘 굳게 닫혀있었던 문을 열기 위해 간절히 기도하며 치열하게 노력해온 것이 홍콩PB 자리로 오기 위한 준비 과정이었을지도 모른다는 생각이 들었다.

행장님 말씀의 나비효과

2011년 9월 초 추석 연휴를 앞두고 행장이 방문했다. 상대적으로 늦은 나이에 일반 행원으로 출발해서 영업 실력으로 최고의 자리에 오른 사람이어서 마음속으로 응원했었기에 가까이서 보게 되니 매우 반가운 마음이었다. 마침 추석 즈음이어서 한국 음식점에서 한국 직원 가족들까지 함께하는 저녁식사를 했는데 소탈하고 유쾌한 느낌이어서 더욱 좋았다. 지점 회의실에서 지점장이 홍콩지점 영업현황에 대한 보고를 했는데 PB영업에 관한 보고를 듣던 중 "PB고객 수 00명으로 이연정 인건비나 나오겠냐" 했다. 은행 영업의 성장성을 평가함에 있어 고객 수 또한 중요한 요소이기에 나는 앞으로 더욱 열심히 하라는 의미로 이해했다. 하지만 지점장은 PB자리를 주거비 등 부수적인 지원이 거의 없고 인건비를 본점에서 부담하는 파견직에서 주재원직으로 최근에 전환했기에 큰 부담을 가지게 된 계기가 된 것 같았다.

PB사업본부에서는 홍콩지점에 PB자리를 계속 유지하고자 했지만 홍콩지점 입장에서는 PB대신 기업금융 담당 직원을 한 명 더 두는 것이 유리했기에 PB자리가 부담스러운 존재였다. 이에 따라 금융위기 때는 PB직을 주재원직에서 파견직으로 전환하는 바람에 주재원용 거주지를 다른 직원에게 내어 주고 같이 살던 가족과 함께 단신 근무용 거주지로 옮기기도 하는 등 PB들마다 우여 곡절을 겪었다고 했다. 하지만 나는 그러한 상황을 사전에 전혀 알지 못했기에 내 처지가 급격히 변하게 될 것이라고는 전혀 상상조차 못했다.

여직원이 나이가 들었을 때 자칫 천덕꾸러기가 될 수 있음을 많이 봐 왔기에 더욱 치열하게 노력해 왔는데 결국은 가장 우려하던 처지가 되었구나 싶어 슬프고 괴로웠다. 홍콩지점 근무를 포기하고 귀국 신청을 하는 방법도 있었지만 은행의 최초 해외 근무 여직원이었기에 자칫 후배에게 피해를 줄 수 있고 아이 문제도 생각해야 해서 노력도 안 해보고 포기할 수는 없었다.

나의 주요업무는 영업 활동이 아닌 사무실 안에 있으면서 과제로 부여받은 보고서를 생성하는 일이 되었다. 지점장으로부터 보고서 과제를 처음 받았을 때는 매우 막막한 마음이었지만 간절히 기도하며 자료를 구할 수 있을만한 곳으로 무작정 연락을 했다. 홍콩에 있는 금융회사나 한국의 금융 연구소 등으로 전화를 했는데 전화를 받은 사람들은 한결같이 모두 친절했고 본인이 자료를 갖고 있지 않으면 자료를 구할 수 있는 곳의 연락처를 안내해 주기도 했다. 나는 반드시 통과되어야 하는 시험을 치르는 마음으로 보고서를 작성하면서 '새끼 사자 훈련'을 받는다고 생각했다.

주말에는 다른 직원 한 명과 함께 이코노미스트 등 경제 주간지와 홍콩 영자신문 등의 주요 기사를 편집자의 관점에서 한글로 요약하는 일을 했다. 영어를 늘 접해오긴 했지만 쉽지 않은 작업이어서 자료가 많고 내용이 어려울 때는 금요일 저녁부터 시작해서 주말 내내 꼼짝 않고 매달려야 했다. 요약 기사를 사내 메일을 통해 지점장에게 보내면 지점장이 일요일 저녁에 검토와 배열 작업을 한 후 거래처와 직원들에게 발송했다. 내가 살던 아파트 현관에서 일요일 저녁 ICC빌딩에서 유일하게 불이 환한 지점 사무실을 볼 수 있었는데 사무실 불이 꺼지면 주간 테스트가 통과된 기분이었다.

행장 방문이 있은 후 몇 달 동안은 오로지 보고서 작성에 매달려야 했지만 영업실적에서 자유로울 수는 없었는데 PB영업과 관련해 내가 아닌 다른 직원에게까지 책임을 물을 때는 훨씬 더 괴로웠다. 하지만 몸 둘 바를 모르고 미안해하는 내게 기업금융담당 책임자는 오히려 "힘내세요. 좋은 날이 올 거예요" 하며 늘 위로했다. 현지 직원들도 나를 위로한답시고 10년도 더 된 이야기까지 끄집어 내어 홍콩지점에서 힘들게 근무했던 직원들의 이야기들을 들려주곤 했다. 한 직원은 대부분 집에 들어가지도 못하고 지점에서 거의 살다시피하면서 힘든 시간을 보냈는데 현지 직원들은 그 직원이 혹여 자살이라도 할까 봐 늘 염려를 했고 아침에 출근하면 조마조마한 마음으로 무사한 지를 확인했다고 했다.

당시 하나금융그룹은 기업금융그룹과 가계금융그룹이 완전히 분리된 매트릭스 조직으로 운영되고 있어서 두 그룹은 같은 하나은행 내에서도 별개의 회사와 같았다. 홍콩지점과 나는 속한 그룹이 서로 달랐기에 나에 대한 인건비를 다른 회사가 부담하고 있는 것이나 마찬가지였다. 그러한 상황에서도 여러 고마운 일이 많았지만 내가 누구에게든 폐 끼치는 것을 특히 못 견뎌하는 성격이어서 마음이 더욱 힘들었던 것 같다.

2012년 새해가 되면서 보고서 주문이 더 이상 없었고 영문 경제 기사 요약 자료를 금요일 오전에 받을 수 있어서 일요일에는 온전히 쉴 수 있게 되었다. 덕분에 저녁 시간에는 교민들도 만나고 일요일에는 교회에서 성가대 활동도 하는 등 다소 숨통이 트이기는 했지만 여전히 쉽지 않은 상황이 지속되었다.

2012년 5월, 내가 처해 있는 상황을 객관적으로 보여줄 수 있는 명확한 증거를 확보할 수 있게 되었고 이를 근거로 PB사업부에 귀국 발령을 요청할 수 있었다. 이에 PB사업본부장 지시로 출장 명령를 통해 내가 일단 본점으로 들어오게 되었는데 내가 한국을 방문하는 동안 지점장이 금융지주회사 소속으로 발령을 받앉다. 하나은행이 북미지역 영업 거점을 마련하기 위해 교포은행 인수를 추진하던 중이었는데 인수 작업이 지연되어 홍콩지점장 이 실무책임자를 맡게 되었다고 했다.

PB법인을 세운다는 마음으로 일하세요

PB사업본부장은 개별 면담을 통해 그간의 내 마음고생을 위로 해 주고 앞으로는 일에만 전념할 수 있도록 보호해 주겠다고 했 다. 향후 1년간은 실적을 묻지 않겠으니 딸아이의 장래 문제도 생각해서 홍콩에 PB법인을 세운다는 마음으로 일하라며 격려해 줬다. 나 또한 제대로 된 노력도 해보지 못한 상태에서 포기하고 싶지는 않았기에 나의 모든 것을 걸고 열심히 일해 좋은 결실을 맺은 상태에서 돌아오고 싶었다.

홍콩에는 교민 단체가 많아서 길지 않은 기간 동안에 다양한 사 람들과 교류할 수 있었다. 나는 한국에 있던 아이 아빠에게 부탁 해서 신간 서적, 강원도 시래기와 막장, 국산 참기름 등을 구해 감사한 마음을 전하며 더 빨리 가까워질 수 있었다. 집에서 일하 는 필리핀 아주머니에게 부탁해서 시래기를 삶은 후 강원도 막장 과 함께 포장해 전달하면 덕분에 가족들과 함께 한국 토종 음식 을 먹을 수 있었다고 해 더욱 기뻤다.

잃어버린 1년을 보충해야 된다고 생각하니 마음이 급해서 아이 아빠에게 홍콩에서 골프만 쳐도 좋으니 들어와서 도와달라고 했다. 건설경기 불황으로 아이 아빠의 일도 어려웠기에 아이 아빠도 이것저것을 알아보더니 광둥어를 배워서 여행 가이드로 취직했다. 여행안내에 필요한 최소한의 언어만 구사하면 되었으므로 여행 가이드가 되는 것이 생각보다 어렵지 않았고 가이드 생활이 적성에 잘 맞는다며 아이 아빠가 매우 좋아했다.

홍콩 지점은 특히 보안이 철저한 ICC빌딩에 있어서 교민들이 개인 거래를 하기는 쉽지 않았기에 회의실을 배움이나 모임의 장소로 제공하며 지점에 계좌를 개설하도록 했다. 외환은행과의 합병이 예정되어 있었고 외환은행은 접근성이 비교적 좋은 곳에 있고 출장소까지 두고 있었기에 향후 영업기반을 단단하게 구축한다는 마음으로 각종 모임에서 만났던 사람들에게 계좌를 개설하게 하고 PB서비스 안내와 금융교육 자료들을 만들어 배포했다. 밭을 갈고 씨를 뿌리고 같이 키우다 보면 열매를 맺을 수 있을 거라는 소망을 가지고 사람들을 만나러 갈 때면 '울며 씨를 뿌리러 나가는 자는 반드시 기쁨으로 그 곡식단을 가지고 돌아오리로다(시편 126:6)'를 생각하며 기도했는데 간절한 마음에 늘 눈물이 났다.

PB사업부에 영업을 위한 지원 요청을 하면 여력이 없다며 다른 회사나 다름없는 홍콩지점의 지원을 받으라고 했고 원화 예금 업무를 추진할 때는 서로 자기 일이 아니라며 미루며 두 달이 넘도록 진행이 안돼 업무분장 규정을 담당하는 부서에 편지를 쓰기까지 했다. 그런데, 2012년 8월 갑자기 본점의 여러 곳에서 뭐 도와줄게 없냐는 연락이 하루 종일 쉴 새 없이 왔다. 새로 취임한 행장이 얼마 전 홍콩 지점을 다녀간 후 임원 회의에서 홍콩PB를 좀 도와주라는 말을 했다고 했다. 나는 교민들이 한국을 방문하지 않고도 세무 및 부동산 전문가들과 직접 상담할 수 있도록 화상상담 시스템을 설치해 줄 것과 교민들에게 PB사업을 알릴 수 있는 세미나 개최 지원을 요청했다.

홍콩에서 평일 낮 시간에 개최하는 행사는 40명도 모이기 힘들 것이라고 했지만 어렵게 개최하는 행사였기에 최대한 많은 사람들을 모이게 하고 싶었다. 교민의 도움으로 비용 대비 좋은 세미나 장소로 예약할 수 있었고 한국 국제학교 교장 등 많은 사람들이 자기 일처럼 홍보해 준 덕분에 세미나 개최일 1주일 전에 60석이 다 마감되었다.

하나금융지주의 외환은행 인수 후 홍콩에서 열리는 첫 행사였으므로 외환은행 홍콩지점 직원들도 몇 명 참관했다. 세미나 발표 순서는 내가 PB사업 소개를 하고 한국에서 온 세무사와 외국계 펀드 운용사 임원의 발표가 이어지도록 했다. 그런데 어렵게 얻은 기회를 잘 활용해야 한다는 압박감이 너무 컸기 때문인지 발표 경험이 있었음에도 단 5분도 안되는 내용을 단어 하나하나를 말하기가 너무 힘들어 결국은 지점장이 마이크를 넘겨받아 발표를 했다. 하지만 세미나에 참석했던 홍콩의 주요 교민들이 행사 시작 전부터 내 칭찬을 많이 해서인지 PB사업본부장은 내게 다른 말을 하지 않았고 오히려 이제부터 시작이니 열심히 하라고 했다.

언제부터인가 내 소원은
후배들의 눈물 닦아 줄 수 있는 사람이 되는 것

2011년 9월에 방문했던 행장이 회장이 되어 2012년 10월 홍콩지점을 방문했다. 하나대투증권(현재 하나금융투자)이 홍콩법인을 설립해서 하나은행 홍콩지점과 사무실을 나란히 쓰고 있었는데 수익이 없어서 결국은 폐쇄하기로 결정했다는 소식을 전했다. 한국에서 온 직원들이 회의실에 모인 가운데 하나대투 직원이 회장에게 연신 죄송하다고 하자 회장은 "네 잘못이겠냐, 여기에 법인을 내기로 결정한 사람들의 잘못이지" 했다. 기업금융 담당 직원이 먼저 업무보고를 하자 칭찬이 이어졌고 이어 내가 보고를 했는데 내가 보고하는 동안 아무 말 없이 심각한 표정으로 내 얼굴을 찬찬히 바라봤다. 보고가 끝나자마자 바로 회장이 홍콩지점을 떠나게 되어 한국 직원들 모두 건물 현관 앞까지 따라내려가 배웅했는데 직원들과 악수를 마친 후 자동차에 타기 직전 나에게 "하나대투 잘리는 것 봤지? 잘해!"하고 떠나니 마음이 착잡했다.

2012년 하반기에 PB사업부장이 새로 부임했고 은행의 2013년 이익 전망도 밝지 않다고 했다. 통상 해외 주재 직원들은 해외 지점에 발령받으면 3년 이상 근무하지만 이전의 홍콩지점 PB들은 2년 이상을 넘긴 적이 없었기에 어쩌면 나에게도 변화가 있을 수도 있다는 생각을 했다. 우려했던 대로 세미나가 있은 지 채 1개월도 되지 않았을 때 PB사업본부 인사담당자가 메신저로 "내년 초 귀국 발령이 있을 예정이니 준비하세요." 했다.

PB사업본부장이 불과 한 달 전에 "지금부터 시작이니 열심히 해" 했기에 혹여 오해가 있는가 싶어 본부장도 동의한 사항인 지 여부를 물어봤다. 막 시동을 걸고 전속력으로 달리려다가 벽에 세게 부딪쳐 차가 다 부서져 버린 것 같은 느낌으로 눈물이 났지만 조직생활을 오랫동안 해 온 나로서는 이해 못 할 일도 아니었다. 홍콩에서 마음이 힘들어지면서 신앙에 많이 의지했고 특히 매주 설교에서 큰 위로와 힘을 얻고 있었는데 마침 그 주의 설교가 '사람은 믿음의 대상이 아니라 사랑의 대상'이라는 내용이었다. 성가대 찬양곡도 '하나님 은혜'여서 흐르는 눈물 때문에 성가대에 설 수 없었는데 예배시간 내내 흐르는 눈물과 함께 아쉬움이 다 씻겨 내려간 듯 예배를 마쳤을 때는 홀가분한 마음이 되었다.

월요일, 압구정지점에서 함께 근무했던 직원에게 전화로 발령 소식을 알리니 PB사업본부장이 홍콩을 다녀온 후 여러 PB센터에서 내 칭찬을 많이 했었는데 뜻밖이라며 매우 놀라워했다. 갑작스럽게 그런 결정을 할 수밖에 없는 피치 못할 사정이 있을 것이니 내가 PB사업본부장에게 전화를 해서 마음의 부담을 덜어주는 것이 좋겠다고 했다. 생각해 보니 그냥 지내기보다는 전화를 하는 것이 도리인 듯하여 바로 전화를 했지만 통화할 수 없었다. 오후에 한 번 더 전화를 했지만 계속 회의 중이어서 연결이 안 된다고 했는데 여섯시가 다 되어갈 무렵 비서가 메신저로 연락을 해 왔다.

"용건 있으면 PB사업부장하고 통화하라고 하시네요."

갑작스러운 발령 예고 소식에 홍콩지점장도 매우 놀라며 아무래도 한 달 전에 있었던 세미나에서 발표를 제대로 못했기 때문인 것 같다며 "전화위복도 아니고 이걸 뭐라고 해야 하나.." 했다. 외국계 은행에 근무하고 있던 지인은 이직을 권유하며 내가 잘 자리 잡을 수 있도록 처음 6개월간은 도와줄 것이니 면접만이라도 한 번 봐 보라고 했다. 이전에도 헤드헌터로부터 두 번의 이직 권유가 있었지만 내가 성장할 수 있었던 조직에서 스스로 떠나고 싶지 않았다. 특히 홍콩에 온 후 수많은 눈물을 흘리면서 외로운 시간을 보내야 했기에 조직에서 후배들의 눈물을 닦아줄 수 있는 사람이 되길 바랐고 영업의 결과는 정직할 것이라고 여전히 믿고 있었다.

그 즈음 지주사 홍보실 직원과 화상 시스템을 통해 인터뷰를 하게 되었다. 지주회사에서 전 직원을 대상으로 '감사 스토리'를 공모했는데 내가 압도적인 표차로 1등을 한 수상작의 감사 주인공이라고 했다. 나는 인터뷰를 하는 동안 계속 울컥하는 마음이 들어서 말을 잇기가 어려웠다. '실수로 잘못 보낸 외화 송금을 돌려받지 못하게 되었다'며 충청 지역 근무 여직원으로부터 메신저를 통해 도움을 요청받은 후 도움을 줄 만한 사람들에게 연락하고 영문 이메일을 쓰면서 후배에게 도움이 될 수 있기를 간절히 기도했었기에 반환받게 되었다는 소식을 들었을 때 내 일처럼 기뻤었다. 하지만 이후 잊고 있었는데 돈을 돌려받은 직원이 지주회사 홍보팀에 이야기를 써 보냈다고 했다.

실적 없는 곳에는 승진 없다

2013년 1월 초 나의 귀국을 안타깝게 생각했던 홍콩지점장은 인사위원회가 끝난 후 내가 승진은 해서 들어가는 것 같아 다행이라고 했다. 홍콩PB 공모 당시 공문에 해외 지점에 근무하는 동안에는 승진을 배제한다는 내용이 없었음에도 홍콩 지점에 근무하는 동안에는 이중 혜택이라며 나를 아예 승진 대상에서 배제했었기에 귀국 발령과 함께 승진도 이뤄지나 보다 생각했다. 승진 인사를 위한 인사위원회가 있던 날 오전 PB사업본부 인사담당자가 전화를 해서 인사위원회를 앞두고 부행장이 감사 스토리에 소

개된 내용에 대해 보다 자세히 알고 싶어 한다고도 했기에 기대
가 되었다.

  그런데 승진 사령장 수여일 아침 지점에 출근하니 기업금융 담
당 책임자가 본인은 승진 통보 전화를 받았다며 나도 받지 않았
느냐고 물어봤다. 내가 안 받았다고 하니 바로 인사부 인사 담당
자에게 전화를 했다. 나는 울컥하는 마음에 내 자리로 돌아와 앉
아 있었는데 "인사위원회 개최 후 승진 인원이 축소되면서 PB사
업본부에서 나를 제외한 것 같다"라는 인사부 직원의 말을 전해
줬다. 새로운 행장이 '실적 없는 곳에는 승진도 없다'고 한다고 들
었기에 '나를 승진 대상으로 올리기 어려웠나 보다' 생각했다. 홍
콩지점장이 소식을 듣고 매우 안타까워했고 마침 한국에서 신년
출발행사가 있어서 PB사업본부에 들러 면담을 한 후 "승진은 못
했지만 승진하기 유리한 자리로 발령 낼 거라네요"했다.

  당초 예정대로라면 2013년 1월 초 정기 인사발령 때 귀국 발령
을 받아야 했지만 후임 직원 선발이 늦어지면서 정기 인사발령일
이 지난 후 열흘이 넘도록 아직 홍콩지점 소속으로 근무하고 있
었다. 그런데 PB사업부 게시판에 나를 A 지점 소속으로 해서 프
로모션 성적이 게시되었다. 내 이름 옆에 실적은 0원이고 당연히
순위는 PB 중 꼴찌였다. 담당 직원에게 전화를 해서 어떻게 된
거냐고 물으니 실수한 거라면서 바로 게시물을 삭제했지만 다른
직원이 내가 A지점으로 발령받을 것 같다고 알려줬다.

주재원직에서 파견직으로 전환한 후 홍콩PB직을 공모하니 응하는 사람이 없어 후임자 선정이 지연되는 바람에 후속 절차가 지연되었는데 정기 인사 발령에서 A 지점에서 PB 한 명이 빠지고 보충이 안된 상태로 남아 있었다. A 지점 PB자리가 공석인 상태가 길어지자 PB사업부장이 내게 휴가를 써서라도 빨리 들어와야 되는 것 아니냐는 말을 한다고 했다. 이에 홍콩지점장이 그러한 경우가 어디 있냐며 차라리 출장명령으로 처리하라고 했고 한국에서 계속 귀국을 재촉하는 바람에 이삿짐을 다 빼는 것을 지켜보지도 못하고 귀국길에 올랐다.

이삿짐이 오기 전이니 대략적인 세간살이라도 준비할 수 있도록 귀국 후 하루만이라도 휴가를 쓸 수 있길 바랐지만 지점이 아우성이니 바로 근무를 해야 된다고 했다. 언니에게 이불과 간단한 세간살이를 준비해서 공항으로 마중 나오게 하여 밤에 집에 도착한 후 다음날부터 지점 근무를 시작했다. 이후 몇 달 동안은 휴일도 제대로 쉬지 못하고 귀국 인사도 못할 정도로 정신없이 시간을 보내야 했다. 그런데, 이후 A 지점에서 함께 근무하던 직원이 싱가포르에서 열렸던 시상식에 행장과 함께 참석한 후
"같이 식사를 하면서 들으니 행장님에게는 홍콩지점에 PB상품이 부족해서 홍콩PB를 상품 전문가로 교체했다고 하던데 어떻게 된 거예요?"하고 물었다.

절망 속에서 큰 위로가 되었던 너무나 고마운 분들

A 지점의 내 전임자는 기업금융업무를 하다가 PB직에 지원한 사람이었다. 하지만 1년 6개월 만에 실적 부진 직원으로 낙인찍혀 부천 지역으로 간 상태였는데 친절하고 세세하게 업무 인계를 해줬다. 지점에 도착한 첫날 내 어머니와 동갑인 82세 고객의 남편상 부고 소식을 접하게 되었다. 고객 현황을 파악하기 위해 고객 원장을 살펴보니 투자 상품들이 몇 종류의 상품에 집중적으로 가입되어 있었고 손실 규모가 엄청났다. 다음날 새벽 발인식장으로 가서 은행에서 제공하는 리무진 차량이 잘 도착해 있는지를 먼저 확인하고 돌아오니 A지점 일반 영업팀 지점장도 도착해 있었다. 이른 새벽 낯선 사람들 속에 서서 발인식을 지켜보는데 마음이 착잡하고 슬펐다.

전임자가 이임 인사를 한 지 보름도 더 지나서 부임했기에 고객들에게 전화해 인사를 하면 전임자가 발령 나서 간다고 전화한 지가 언젠데 왜 이제 전화하느냐고 하는 고객들이 많았다. 명함을 건네며 인사하니 사기꾼 명함은 안 받고 싶으니 명함을 줄 필요 없다는 고객도 있었고 계좌를 다 해지해 가면서 하나은행은 간판도 보기 싫다는 고객도 있었다.

'계란을 한 바구니에 담지 말라'는 투자 위험관리 기본이 철저히 무시된 채 한때 수익률이 높았던 주식형 상품들에 집중적으로 가입되어 있었고 특히 다른 지점에서는 거의 취급하지 않았던 개별 주식 연계 ELS가 손실률 40% 이상으로 상환을 앞두고 있었다. 정기예금 금리가 4~5%인 상황에서 삼성전기, 포스코 등의 주가와 연계하여 연 수익률 17~20%를 제시하며 판매한 것이었다. 내가 홍콩으로 가기 전 PB세미나에 참석해 만난 A 지점 PB들에게 어떻게 그런 상품을 대규모로 팔 수 있냐고 우려를 표시했었는데 우려가 현실이 된 것이었다.

2013년 여름 정기 인사이동을 통해 나와 나란히 앉아서 일하던 PB가 부장으로 승진되었다. PB사업본부장은 나를 PB사업본부 승진 순위 1순위로 해서 올렸는데 인사위원회에서 결과가 바뀌었다고 했다. 또한 PB영업팀과 일반 영업을 하던 A지점이 통합하여 A PB센터 지점이 되었다. 내 자리에서 ELS 등을 무차별적으로 판매한 후 도망치듯 PB직을 떠나 A지점 일반영업팀 지점장이 되었던 사람이 통합된 A PB센터지점장이 되어 내 직속상관이 되었다. PB사업본부장에게 PB직에서 놓아주지 않으면 차라리 하나은행을 그만두겠다고 해서 일반 영업점 지점장으로 나갈 수 있었다는데 결국은 PB센터 지점장으로 돌아오게 된 것이었다.

승진인사가 있던 날 저녁 애널리스트 출신으로 하나대투증권(현, 하나금융투자) 부사장을 역임했던 K박사를 만나게 되었다. 홍콩에서 K박사의 자서전을 읽으면서 대단한 분이라고 생각했었는데 내 친구의 오빠가 연결해 준 자리였다. 친구의 오빠는 내가 상업학교를 다니던 시절 살았던 동네에서 오랫동안 시계 가게를 하던 사람이었는데 내 친구로부터 내 이야기를 듣고 혹시 도움이 될까 싶다며 동향인 K박사에게 무작정 연락해서 마련된 자리였다. 내가 잘 되기를 진심으로 바라는 친구 오빠와 얼굴도 몰랐던 고향 선배의 연락에 귀한 시간을 내고 저녁까지 대접해 주며 위로하고 격려해 준 K박사가 눈물겹도록 고마웠다.

승진인사 다음날 PB실에 들어온 지점장은 승진한 K부장에게 이제부터 PB팀을 잘 이끌어 달라는 말과 함께 "조직은 열심히 일 잘한 사람에게 합당한 보상을 해 주는 것입니다. 이젠 K부장이 직급이 높으니 나이 생각하지 말고 PB팀을 잘 이끌어 주세요" 했다. K부장은 나보다 9살이 적은 여자 직원으로 전년도에 이어 PB성적 1위를 하고 있었는데 2011년에는 둘 다 힘든 시기였기에 저녁에 일하다가 상대의 메신저가 켜져 있는 것을 보면 서로 연락해 격려하곤 했던 사이였다.

그날 첫 손님으로 사전 연락도 없이 압구정지점 고객이 찾아왔다. 후임 PB를 배려해야 해서 압구정을 떠난 후에는 한 번도 연락을 못했기에 놀랍고 반가워서 인사를 하고 이야기를 나누던 중 다른 곳에서 찾아왔다며 5억 짜리 수표를 탁자 위에 내놓았다. 내가 홍콩지점 발령을 받았을 때 천만 원을 주고자 했던 고객이었는데 내가 한국에 들어왔다는 소식을 전해 듣고 직원에게 근무지를 물어 당시 골드클럽 고객이 될 수 있는 기준 금액을 가지고 온 것이었다. 압구정지점 담당PB에게 양해를 구한 후 그 자금만 받기로 하고 계좌를 개설했다. 이후 내 실적에 차마 포함하지 못했지만 덕분에 다시 힘을 낼 수 있었다.

아버지처럼 되는건가.., 절대로 무너지면 안된다

2013년 추석 연휴 전날 영업 성적에 대한 가평가 결과를 받았는데 꼴찌에서 두 번째였다. 삼성전기 주가마저 급락해서 11월부터 만기 상환이 시작되는 개별 주식 연계 ELS들의 손실률이 40%를 넘어 확대되고 있던 상황이었기에 추석 연휴 기간 내내 식사를 제대로 할 수 없었고 잠을 이루기도 힘들었다. 그런데 추석 연휴를 마치고 출근하자마자 지점장이 불러 지점장실 문을 닫고 앉으라고 하더니 대뜸 "나를 죽이려고 펀드를 안 팔아요?" 했다. 고객들 앞에서는 늘 죄송하다며 머리를 숙였기에 순박한 마음을 가진 고객들은 "지점장이 자주 집에 찾아와 이것저것 선물도 주고 잘해주니 아들 같아서 하라는 대로 다 했어, 한편으로 생각하면 너무 속상하고 화가 나는데 지점장 얼굴을 막상 보면 지도 얼마나 마음고생이 많겠나 싶어 마음이 짠해" 하는지라 나로서는 기가 막혔다. 젊은 사람들은 투자를 외면하거나 은행을 떠나게 하고 평안한 노후를 보내야 할 고객들은 자책을 하며 눈에 띄도록 몸이 수척해지고 있는 상황인데 오로지 본인 성적만을 생각하는 지점장에게 분노감이 일었다.

A 지점 고객들의 신뢰를 회복해서 정상적인 영업을 하려면 시간이 필요했고 자발적인 투자가 가능한 신규 고객을 유치해야 한다고 생각했다. 고객 발굴을 위해 사비를 들여 카네기 최고 경영자과정 등에 등록해서 활동하고 체계적인 마케팅을 위해 마케팅 전문가의 강연을 들었는데 공부만 좋아하며 한 방 영업을 위해 외부로 돌아다니는 사람이라는 소리를 듣게 되었다. "PB는 독사가 되어야 한다" "프로답지 못하다" 라는 소리들을 들으며 나는 깊은 수렁에 빠져버린 것만 같았다.

힘든 마음을 극복하기 위해 집에서 늘 기독교방송 설교를 들으며 '그래도 나는 억울하게 십자가에 못 박힌 것은 아니지 않나..' 하며 스스로 위로했다. 당시 특히 내게 더 많은 위안이 되는 설교를 했던 목사님이 시무하는 교회를 찾아 분당 야탑에 위치한 M교회를 찾아 갔었는데 마침 '출애굽기 시리즈 설교'를 시작하는 날이었다. 복음성가 '광야를 지날 때'를 처음 듣게 되었는데 홍콩을 떠나 A 지점에 온 것이 마치 홍해를 건넌 후 광야생활을 하는 것처럼 느껴져서 '내가 한동안 감사함을 잊고 지냈구나'하는 생각을 하며 마음을 다시 가다듬었다.
광야를 지날 때, 시험을 당할 때, 어려운 순간에, 인내하라..

영업 성적을 마감하는 연말이 다가오자 지점장은 내가 펀드를 팔 수 없다면 본인이 팔겠으니 고객을 다 본인에게 넘기라고 했다. PB팀을 이끄는 K부장은 'PB사업부에서는 ELS를 판매한 때가 언제인데 아직도 헤매고 있냐고 해요'했다. 가정적으로도 힘들게 되면서 수면제를 먹지 않으면 잠을 잘 수가 없어서 나도 이러다가 아버지처럼 되는 것이 아닌가 싶어 두렵기까지 했다. 나는 절대로 무너지지 않고 딸을 지킬 것이라고 다짐하고 다짐하며 새해에는 어려운 상황에서 벗어날 수 있기를 간절히 기도하며 2013년을 마감했다.

일은 못해도 용서가 되는데
의전을 못하면 끝장이래요

2014년 1월, 새해 영업일 첫날 PB사업본부장이 몇몇 PB들과 개별 면담을 한다고 했다. 나는 압구정PB센터에 가서 면담을 했는데 면담을 마치고 지점으로 돌아오니 옆자리에 앉아 근무하던 K부장이 "성적을 잘 낼 수 있는데 성적이 안 좋은 사람들을 대상으로 면담한 거래요" 했다. 그렇잖아도 면담 대상이 열 명도 되지 않고 A   PB센터 지점에서는 나 혼자뿐이어서 무슨 기준으로 면담 대상을 선정했을까 궁금했었는데 그 말을 들으니 어쩌면 그렇게 현장을 모를까 싶어서 "기가 막히네"소리가 절로 나왔다.

그 주 토요일에 신년 출발 행사에 참석했는데 친하게 지내던 PB가 다가와 걱정스러운 표정을 하며. "언니 도대체 어떻게 된 거야? 본부장님 면담하고 지점 와서 난리 쳤다며?" 했다. 나야말로 무슨 일인가 싶어 깜짝 놀라 누가 그러한 소리를 하더냐고 되물었다. 여자 PB모임 회장 역할을 하며 여러 임원들과도 격의 없이 지내고 있던 K지점장이 그러더라고 했다. 그 지점장은 본인이 PB사업본부장에게 홍콩PB 자리를 파견직으로 다시 전환하도록 제안해서 내가 조기 귀국하게 되었다며 내가 영업 경험이 많지 않아 영업성적으로 승진하기는 힘들 테니 도와주겠다던 사람이었다.

출발행사가 진행되는 동안 나는 내내 착잡한 마음이었고 월요일 아침에 출근하자마자 동료 남자PB인 G팀장에게 그러한 내용을 말했다. G팀장은 본점에 근무하다가 PB직을 지원해서 A 지점에 온 지 채 1년이 안된 상태였는데 내게 큰 힘이 되어주던 직원이었다. 마침 월요일 아침에 직원 회의가 있어서 각자 발언 시간에 G팀장이 "지점에서 일어난 일을 외부에 전하다 보면 자칫 말이 와전될 수 있으니 조심하자"라고 했다. 이에 지점장은 소리를 지르며 즉시 직원 회의를 중지시키더니 도대체 무슨 소리를 하는 거냐고 G팀장을 추궁했다. 내가 주말에 들었던 이야기를 하니 바로 확인 전화를 했는데 결국은 내가 없는 말을 지어낸 사람이 되었고 G팀장은 거짓말에 동조한 사람으로서 전 직원 앞에서 공개 사과할 것을 강요받았다.

힘든 나날이 지속되던 중 당시 뉴욕지점장으로 근무하던 경영관리부장의 신년인사 답장을 읽으며 눈물을 흘리고 있을 때 지점장이 PB실에 들어왔다. 너무 많은 눈물을 흘리고 있어서 고개를 돌릴 수 없었는데 본인을 무시한다고 생각했는지 나에게 당장 경위서를 쓰라고 한 후 바로 옆자리에 앉아있던 K부장하고 웃으며 농담을 했다. 지점장이 PB실을 나간 후 나는 모멸감과 분노를 더 이상 다스리지 못하고 지점장실 문을 열고 소리치며 대들었다. 이후 지점장실을 나오는데 내가 부임할 때 남편상 중이었던 고객이 핼쑥한 모습으로 지점을 들어서고 있었다.

"사모님, 같이 행장님실 가요, 이럴 수는 없습니다"

하지만 차마 행장실에 가지는 못하고 PB사업본부장을 면담하여 지점장과 나를 분리시켜달라고 했다. 하지만 정기 인사이동이 있은 지 얼마 안 되었기 때문인지 인사발령 대신 여자PB 회장인 K지점장을 통해 휴직을 권유하고자 했다. K지점장이 나와 친한 PB를 통해 점심 식사를 제안한 것을 거절했더니 PB사업본부장이 직접 A PB센터 지점을 찾아와 회의실에서 단둘이 마주 앉게 되었다. 잠을 이루지 못했던 3개월 동안 병원에서 상담을 받은 적이 있었지만 우울증으로 휴직할 수는 없었기에 "이대로는 휴직할 수 없습니다. 이겨낼 것입니다"하니 PB사업본부장이 "집착이 심하군, 그럼 6개월만 두고 볼게" 했다.

휴직을 거부하고 계속 근무하겠다고 했지만 갑자기 두려운 마음이 밀려와서 숨이 막힐 것 같은 지경이 되니 결국은 입원을 하게 되었다. 내가 병원에 입원해 있는 동안 마침 2014년 동계올림

픽 기간이어서 TV에서 안현수 선수의 우승 장면을 보며 많은 생각을 했고 계속 설교를 들으니 불안한 마음이 사라지고 안정이 되었다. 선한 인상의 지점장 사모가 반찬을 싸서 문병을 온 지라 무척 미안한 마음이 들었고 입원해 있는 동안 지점장에 대해 불편했던 마음이 사라졌다. 다행히 업무에 복귀하자마자 신규 고객이 많이 증가하여 거의 한 달 만에 분기 영업목표를 모두 달성할 수 있었다. 특히 신규 고객 유치는 쉽지 않은 항목이어서 배점이 높았기에 3월말 기준 영업 성적이 상위권으로 뛰어올랐다.

하반기 정기 인사이동을 통해 지점장은 하나은행 PB사업을 대표하는 영업1부 PB센터 지점장으로 영전했다. 지점장의 영업 실상을 세세하게 적시한 고객 민원이 첨부된 공문이 지점에 도착해 있던 상태였기에 지점 직원들이 많이 놀라워했고 본인조차도 많이 놀랐다고 했다.

"투자 상품은 생물입니다. 건어물이 아니라 생물이니 때 놓치면 안 돼요. 무조건 빨리 팔아야 돼요. 그리고 아무 일 없도록 기도하세요!"
"일은 못해도 용서가 되는데 의전을 못하면 끝장인 거예요 끝장"이라고 말하던 나와는 생각이 많이 달랐던 지점장, 지점장에게 내 영업 방식은 프로답지 못한 틀린 영업 방식이었다.

미래만을 바라보며 늘 현재를 희생한 대가

새로 부임한 지점장은 PB사업부 포트폴리오 매니저 출신으로 서울은행 출신임에도 비교적 승진이 빠른 사람이었다. 퇴직연금 관련 내 영업 자료를 보더니 전체 PB를 대상으로 발표할 것을 제안했다. 나도 전 직원과 공유하면 좋겠다는 생각이 들었는데 내가 홍콩 세미나에서 전혀 말을 못 했던 전력 때문인지 지점장을 통해 발표를 하지 말라는 말을 전해왔다. 하나금융그룹 전체 행사를 위한 발표자 선정 때 직원들로부터는 표를 많이 받았음에도 나를 배려해서 1차 예선 기회도 주지 않았다는 말을 들었을 때는 그러려니 했지만 PB들만을 대상으로 한 발표도 하지 말라는 것은 이해하기 어려웠다. 결국 지점장의 거듭된 요청으로 발표를 하게 되었고 세미나에 참석했던 PB들로부터 뜨거운 박수를 받으며 발표를 마무리할 수 있었다.

PB세미나 발표가 있은 후 두 달쯤 지났을 때 PB사업부 펀드 담당자로부터 전화를 받았다. 통상 12월에는 연수가 없는데 내 강연을 들었던 PB 중 한 명이 나를 강사로 지정하여 본인이 속한 영업본부 펀드담당자들을 대상으로 교육을 간곡히 부탁하는데 해 줄 수 있겠느냐고 물었다. 연말을 피하다 보니 준비 기간이 1주일밖에 안되었지만 펀드 판매 및 관리 방식에 안타까움이 컸던 나는 연수 요청을 거절할 수 없었고 주말 이틀을 꼬박 사무실에 나와 강의안을 만들었다.

이어 월요일에는 계열 보험회사 임원이 주관한 강남지역 PB팀 저녁 식사가 있었다. 아이 아빠에게 회식이 있어서 늦을 거라고 말했었는데 다른 때와는 달리 회식 중에 전화가 걸려왔다.

"어디야, 빨리 들어와"

목소리에서 섬뜩할 정도로 심상치 않음이 느껴졌다.

남자 직원과 대등하게 대접받기 위해서는 훨씬 더 많은 노력을 해야 하고 회사에서 내가 여성임을 인식하게 하면 안 된다는 이야기를 많이 들어왔고 그래야 된다고 믿었다. 난 아이의 입학식과 졸업식에도 참석한 적이 없을 정도로 늘 일이 우선이었지만 내가 일을 열심히 해 조직에서 잘 자리를 잡는 것이 결국은 가정을 위하는 일이며 특히 딸아이에게 도움이 될 것이라고 생각했다. 홍콩 근무를 마치게 되면 균형있는 삶을 살 수 있게 될 것으로 기대했고 그리될 수 있기를 원했지만 상황은 계속 더 나빠졌다.

홍콩에서 귀국한 후 아이 아빠와의 관계가 다시 나빠졌고 아이 아빠의 원망 어린 말들에 절망하고 있던 상태였는데 더 이상 아이 아빠와 한 공간에서 숨을 쉬기도 힘들게 되었다. 되돌아보니 같이 행복했던 기억이 거의 없어 아이 아빠도 나 아닌 다른 사람을 만났다면 더 행복하게 살았을 것 같았다. 딸 아이만 내가 직접 돌볼 수 있다면 다른 것은 아무래도 괜찮았고 이혼 신청을 하고 나니 내 가슴을 오랫동안 죄고 있었던 족쇄가 풀린 느낌이었다.

좋은 인간관계의 비법은 상대를 좋아하는 것

이혼 숙려기간이 지난 후 확정 판결을 받은 날은 공교롭게도 결혼기념일이었다. 또한 그날 은행에서는 승진 인사를 실시했는데 골드PB 중에서는 두 명이 승진을 했다. 전년도 11월 말 기준 영업성적 4 등이었지만 정성평가 200점 중 90점을 받아 연말 성적은 10등으로 내려앉았으니 승진이 안될 가능성이 컸지만 성적 10위권 이내에는 승진 대상자가 전년도 영업성적 1등을 한 직원 한 명 밖에 없었다. 승진자 명단에는 전년도 1등을 한 직원과 함께 여자 PB모임 총무가 있었는데 영업 1부 PB센터로 갔던 A PB센터 지점장이 함께 근무하면서 '에이스'라 칭찬하던 PB였다.

당시 PB사업본부에서는 중점 펀드를 선정하고 중점 펀드로 선정된 펀드를 판매하면 50% 가점 혜택을 줬기에 KPI(Key performance index:핵심성과지표) 달성에 훨씬 유리했다. 정성평가는 PB사업부의 추진 사항에 얼마나 협조를 잘하느냐에 대한 평가였기에 승진을 해야 되는 나로서는 매우 중요했다. 하지만 고객의 성향과 자산현황에 맞춰 분산 투자를 이행하고자 했던 나는 PB사업본부의 방침을 그대로 따르기가 어려웠다. 특히 PB사업부에서 중점 펀드로 선정하고 적극적으로 판매를 독려했던 두 개의 펀드는 도저히 팔 수가 없었다. 이후 두 펀드 모두 결과가 좋지 않아 많은 PB들이 마음고생을 했는데 나는 피해 갔으니 PB사업본부 측에서는 내가 좋게 보일 리 없었을 것이었다.

둘 다 펀드의 운용능력이 검증되지 않은 신생 펀드여서 믿고 맡길 수가 없었다. 하나는 단독 상품 설명회를 열었는데 펀드 운용 핵심인력이라는 사람이 외국인 파트너의 말을 통역하면서 말을 그대로 전달하는 것이 아니라 자기가 하고 싶은 말을 하는것을 보니 더욱 믿을 수가 없었다. 더구나 외국인 파트너는 공항에서 상품 설명회장으로 바로 왔다고 소개하는지라 '쇼를 하는 사람들'에게 어떻게 고객의 소중한 자산을 맡길 수 있겠는가 싶었다.

또 하나는 변동성 대비 기대 수익률이 너무 낮아서 상품 기획 단계에서 운용사에서 직접 나에게 의견을 물어봤을 때 반대했던 상품이었다.

나는 PB직에 있는 동안 욕심이 내 눈을 가리지 않기를 늘 기도 하며 고객의 자산 성장과 함께 내가 성장할 수 있기를 바랐지만 이는 거의 불가능한 일이었다. 나는 천성적으로 사람을 좋아해서 은행원은 내 천직이라고 생각했고 덕분에 기쁘게 일하면서 보람 도 컸다. 하지만 PB직에 계속 있게 된다면 조직에 동화되지 못하 고 힘들어하다가 결국은 몇몇 서울은행 선배 PB들처럼 나도 PB 면직이 될 것은 자명한 일이었다.

대학 선배이기도 하고 특별히 더 친했던 서울은행 선배 PB 는 오랫동안 PB로 일하면서 고객들의 신뢰를 바탕으로 영업성적을 잘 내어 연속적으로 수상을 했지만 늘 승진에서 제외되었다. 결국은 나이가 더 적었던 지점장과 갈등을 겪음으로 인해 PB등급이 가장 낮은 지점으로 발령을 받았는데 새로 근무하게 된 지점을 관할하는 본부장이 PB사업본부에 "제발 OOO 승진 좀 시켜줘라" 전화한 덕분에 퇴직을 몇 년 앞두고 승진할 수 있었다고 했다. 게다가 나는 6개월 시한을 받은 전력이 있는 사람이었다.

　지점장을 통해 PB직 면직 신청을 했는데 PB사업부에서는 아무런 반응이 없었다. 면담을 기다리며 며칠을 보내다가 사내 통신망을 이용해 '늘 직원을 향해 회장실이 열려있다'고 했던 하나금융지주 회장에게 편지를 쓴 후 그 내용을 인쇄해서 지점장에게 줬다. 그제서야 PB사업본부장이 직접 지점을 찾아왔는데 나는 고객과의 만남을 핑계로 외출을 했고 전화도 받지 않았다. 나에게 맞는 자리를 마련해 줄 수 있게 면담을 하자는 문자에 "괜찮습니다. 모든 것을 하늘에 맡기겠습니다"로 대답했다.

　상업학교 2학년 때 담임 선생님은 직장 생활할 때 인간관계의 가장 좋은 비결은 상대를 좋아하는 것이라고 했다. 본인이 표현하지 않으려 노력해도 싫어하면 상대방이 싫어한다는 것을 느끼는 것이니 싫어하는 감정이 생기지 않도록 노력하라고 했다. 난 은행과 은행을 통해 만난 사람들이 감사하고 좋았다. 1년 조금 넘게 함께 근무했던 홍콩 지점장과는 비록 힘든 일이 있었지만 장점과 고마운 일이 더 많았기에 안타까운 마음이었다. 하지만 PB사업본부 만큼은 무조건 벗어나고 싶었다.

직접 찾아가 방문을 두드려야 되는 거였을까?

수많은 날들을 잠을 제대로 이루지 못하고 눈물로 베개를 적시며 조직에서 가장 높은 사람을 만나고 싶다는 생각을 하게 되었다. '언제나 나의 방문은 직원들에게 열려 있다'는 회장에게 하고 싶은 말이 너무 많았다. 탁월한 실적으로 조직에서 인정을 받은 후 면담을 하게 되면 개선사항 요청에 대한 내 진심이 전달 것으로 믿었다. 그런 이야기를 하며 아이 아빠에게 조금만 더 참고 도와 달라고 하면

"독립운동했던 사람들의 가족들을 생각해봐, 그만해" 했다.

결국은 그러한 꿈이 무참히 깨진 상태에서 분노감에 싸여 편지를 보내게 되었는데 마침 회장이 대통령 남미 순방 경제사절단 일원으로 출장 중이어서 편지를 읽지 않은 상태로 회수할 수 있었다. PB면직 신청을 한 후 막상 인사부 직원으로부터 확인 전화를 받으니 향후 어떤 사람을 만나게 될지에 대한 두려움이 갑자기 밀려왔다. 마침 인사담당 부행장이 서울은행 출신이어서 업무지원팀에서 같이 근무했던 J부장에게 어떤 사람인 지 물어봤다. J부장은 차장 시절 지점 워크숍에서 '영업점 창구 업무 효율화 방안'을 발표했다가 지점장으로부터 '문제 직원'으로 낙인찍혀 영업점 객장 안내 전담으로 근무해야 했고 인사위원회에서 징계까지 받았지만 합병 초기 인사부장이었던 임원의 도움으로 구제된 사람이었다. J부장의 "의리의 돌쇠입니다. 도와줄 거예요"라는 말을

믿고 인사담당 부행장에게 편지를 썼는데 답장은 없었지만 일반 영업점 대신 강남영업본부 소속으로 발령이 났고 보직 없이 쉬면서 마음의 안정을 다시 찾을 수 있었다.

2015년 9월 1일 B지점으로 발령을 받을 때까지 보직 없이 4개월 동안 지내면서 금융상품 투자 가이드, 학생들을 위한 금융교육 자료 및 금융교육 활성화를 통한 퇴직연금 마케팅 방안 등을 작성했다. 국내에는 참고할 만한 마땅한 자료가 충분치 않아 아마존을 통해 외국 책자를 구입하고 인터넷을 검색하고 내 경험을 반영하여 자료를 만든 후에 금융상품 투자 가이드를 행내 게시판에 올렸고 마침 '행복 금융'을 강조했던 회장에게 편지를 썼다.

종교개혁과 함께 성경이 여러 나라 언어로 번역되면서 기독교 인구가 크게 성장했듯이 고객들이 금융상품 투자에 대해 제대로 알게 된다면 스스로 잘 활용할 수 있으리라 생각했다. 삼성전자가 컴퓨터를 팔면서 교육센터도 운영했듯이 하나금융에서 금융투자교육에 적극 나선다면 건전한 금융투자 문화가 정착되어 금융투자상품 판매 시장 또한 확대될 수 있을 것이라 기대했다.

서울 은행 직원으로서 직원 교육 시간에 가장 많이 들어왔던 말은 "주인 정신을 가지고 일하라"라는 말이었다. 하나은행 직원이 된 후로는 "너 자신을 위해 일하라"라는 말을 많이 들었지만 조직이 잘 되어야 걱정 없이 일할 수 있기에 같은 의미로 받아들였다.

나는 '진심은 통한다'는 것을 믿고 있었기에 나의 진심과 노력이 전달될 것으로 믿었다. 뒤늦게야 나는 오래 전에 PB사업부에 전문 계약직으로 채용되었다가 1년도 채 근무하지 않고 퇴직한 여직원이 퇴직 인사를 하러 와서 했던 말이 생각났다.

"제가 여기서 가장 많이 들은 말은 쇼 오프(Show off: 보여주다)였어요. 늘 쇼 오프(Show off)해야 한다는 말들을 하는데 도대체 나로서는 이해할 수가 없네요"

내 의도와는 달리 내 자료들은 정작 내가 보여주고 싶었던 사람들 즉 직원들과 고객들에게는 제대로 전달하지 못하고 임원들에게만 보여 준 '쇼 오프(Show off: 보여주다)'가 되어 버렸다.

승진 순위 꼴찌, 별명은 '오래'

2015년 9월 1일 하나은행이 외환은행과 합병하면서 영등포영업본부 관할 Y지점으로 발령이 났다. 나에 이어 PB직 면직을 신청했던 애널리스트 출신 Y차장은 집에서 두 시간 걸리는 변두리 지점으로 발령을 받았기에 1시간 이내로 갈 수 있는 지점에 발령받은 게 그나마 다행이라는 생각이 들었다.

발령 공문을 확인한 많은 직원들이 메신저를 통해 지점장이 유명한 사람인데 어떻게 된 거냐며 걱정을 해 줬다. 직원들의 우려를 확인해 주듯 내 전임자는 Y지점에 근무한 지 1년도 되지 않아 다른 곳으로 발령을 받았다고 했다. 당시 Y지점이 해당 평가그룹 내에서 KPI(핵심성과지표) 성적 1등을 하고 있었기에 수신 담당 책임자 경험이 없던 나로서는 내가 부임한 후 좋았던 지점 성적 이 내려갈까 봐 더 걱정이 되었다.

Y지점 첫 출근일 지점장에게 인사를 하니 "쎄 보이네, 이차장은 여기 책임자 세 명 중에서 승진 3순위야, 그리고 아이가 고 3인 것 같은데 아이 수능 시험일 까지는 아이나 잘 돌봐" 했다. 또한 지점장은 직원들을 이름 대신 별칭으로 불렀는데 나는 Y지점에 서 임금 피크 연령에 도달할 때까지 오래도록 근무할 거라며 '오래'로 불렀다.

덕분에 Y지점 부임 첫해 4개월 동안은 오히려 큰 부담 없이 지낼 수 있었다. 이듬해인 2016년은 은행권의 가장 큰 관심사였던 '계좌 이동제'와 'ISA(개인종합자산관리계좌)'가 도입될 예정이어서 긴장 속에 새해를 맞이했다. 특히 '계좌 이동제'는 창구 시행에 앞서 인터넷을 통한 시행을 먼저 했기에 최선을 다해 준비하면서도 결과가 어찌 될지 몰라 불안했다. 지점장이 새해가 되자마자 옆자리에서 근무하던 여자 책임자를 갑자기 질책하면서 모든 업무에서 배제하고 외부 영업만 하라고 하니 나에 대한 경고처럼 느껴졌다. 나는 간절히 기도하면서 홍보용 SNS포스터 등을 만들고 주변 상가를 돌며 안내하는 등 '진인사 대천명'의 마음으로 최선을 다했다. 계좌 이동제는 시행 첫날 영등포영업본부 1등을 하더니 직원들의 활약으로 연간 전국 1위를 했고 ISA제도는 가입 금액 기준으로 PB영업점을 제외한 일반 영업점 중 1위를 했다.

지점장은 나와 동갑이었지만 15년 가까이 지점장 생활을 하고 있던 KPI(핵심성과지표) 관리의 달인으로 머슴처럼 일하지 말고 KPI 관리를 잘하는 것이 일을 잘 하는 것이라며 여러 지점을 돌아다니며 비법을 전수하기도 했다. 실제로 본인은 거래처 사람들과는 만남은커녕 전혀 소통하지도 않고 직원 대상 업무 지시도 주로 메신저로 했다. 일주일에 한 번 정도 아침 회의가 있는 날을 제외하고는 대부분 출퇴근 시간을 피해 느지막이 출근해서 CC카메라를 통해 직원들의 움직임을 관찰하다가 간간이 메신저로 업무지시 등을 하고 인사도 없이 조용히 퇴근했다. 매월 전 직원에게 KPI관리 엑셀 양식을 배포하고 달성도가 우수한 직원에게는 금전 포상과 섭외 휴가를 줬다. 섭외 휴가는 인사 기록 상으로는 근무하는 것이지만 출근을 하지 않고 섭외 중인 것으로 간주하는 것이어서 창구 판매 실적이 높은 직원들은 공식적인 휴가 이외에도 매월 하루 정도는 추가로 쉴 수 있었다. 반면 그렇지 못한 직원들은 다른 직원들이 판매에 집중하고 보너스 휴가를 누리는 동안 열심히 일을 하면서도 실적 부진 직원으로 핀잔까지 들어야 했다.

지점장이 판매 능력이 좋은 직원들과 그렇지 않은 직원들을 눈에 띄게 차별하니 직원들 간에 사이가 좋을 수 없었다. 심지어는 상반기 마감일인 6월 말일 KPI(핵심성과지표) 달성 우수자 3명을 데리고 10시에 나가서 춘천에서 놀다가 4시에 들어오기도 했다. 결국은 내가 휴가였던 기간에 직원들 간에 크게 충돌하는 사건이 발생했다. 창구 판매 기술이 탁월하지는 않았지만 우수한 편이었고 거래처로부터는 더 신망을 받던 직원은 충돌 사건이 있은 후 지점장에게는 문제 직원으로 낙인찍히게 되었다.

아이 아빠의 건강이 매우 나빠지면서 나는 날아오는 돌들을 모두 맞아야 했다. 2016년 하반기에 들어서면서부터는 더 이상 영업점 근무를 할 수 없는 상황이 되어 직원고충처리팀에 도움을 요청하여 인사부 직원과 면담을 하게 되었다. 나는 '고충사항에 대한 도움 요청'이 조직에서 성실히 근무해 온 직원의 권리라고 생각했는데 인사부 직원의 표정과 태도에서 내가 큰 오해를 했음을 알 수 있었다. 10월이 되면서 지점장은 나를 지점 업무에서 아예 배제했는데 표면상으로는 새로운 지점장과 함께 할 내년 영업을 위해 내게 휴식을 준다는 것이었다. 2016년 9월 말 기준으로 내가 관할하는 KPI(핵심성과지표)는 최고점까지 목표를 모두 달성한 상황이었다.

2016년 10월 말일 막다른 골목에 이른 상황이 되었을 때 인사부장에게 직접 전화를 했다. 내가 "부장님, 이 연정입니다" 하니 다급한 내 목소리를 들은 인사부장의 첫 마디가 "지점장 어떤 사람인지 알아요" 였다.

K인사부장은 구 서울은행 때부터 인사 업무를 담당하다가 다른 부서를 거쳐 연초에 인사부장으로 부임한 사람이었다. 전화 통화 후 1시간 후에 인사부장을 만날 수 있었는데 내가 택시를 타고 인사부로 가는 동안 담당 직원으로부터 고충사항 신청 자료를 받아 읽고 있었다. 인사부장은 진작 찾아오지 그랬냐는 말로 위로하며 우선 며칠간 휴가를 쓰라고 했는데 휴가 기간 중 인사부 소속으로 발령을 받았다.

하나님, 어디 계시나요? 저를 좀 만나 주세요

Y지점에 근무하던 때는 내 삶의 모든 것이 다 무너져 내린 듯하여 고통스럽고 자괴감마저 들어 마음을 다스리기 매우 힘들었다. 그나마 서울은행 시절부터 알고 있었던 직원이 옆자리에서 근무했기에 큰 의지가 되었고 함께 일하는 직원들이 모두 일을 잘해 업무적으로는 힘들지 않아 다행이었다. 다만 직접 창구 수납을 해야 되는 경우가 꽤 있어서 창구 온라인 조작 업무부터 다시 배우려니 결국은 이 자리로 다시 왔구나 싶어 문득문득 허탈한 마음이 들었다.

다행히 영업본부장이 마음이 따뜻하고 배려심이 많은 사람이었는데 영업본부 수신 책임자 회의에 처음 참석했을 때 "지점 성적이 안 좋을 때는 직원들 사이가 나빠지기 쉬우니 그렇게 되지 않도록 책임자들이 애써달라"라고 했다. 그 말을 듣는 순간 꽁꽁 얼어있던 얼음이 갑자기 따뜻한 불을 만난 것처럼 걷잡을 수 없이 눈물이 흘렀다. 아무리 참으려고 해도 도저히 눈물을 참을 수가 없어서 그나마 뒷자리에 앉아 있어 다행이라는 생각이 들었다. 다음날 본부장은 내가 근무하는 Y지점을 방문해 여러 직원들과 함께 점심을 사주고 돌아갔다. 이후에도 부하직원들을 향한 진심 어린 세심한 배려가 느껴져서 마음으로 큰 위로가 되었다.

2016년 10월 초에 '나를 위한 지점장의 특별 배려'라는 명목하에 업무에서 배제되게 되었을 때 '감당하지 못할 시험당함을 허락하지 아니하시고 시험당할 즈음에 또한 피할 길을 내사 너희로 능히 감당하게 하시느니라' 말씀을 인용하여 답장을 해줘 위로와 큰 힘이 되었다.

당시 나는 위안을 얻기 위해 일하는 시간이 아닐 때는 늘 복음성가를 들었는데 근무를 하다 보면 다시 힘든 마음이 되어 점심시간 동안 이어폰을 꽂고 복음성가를 듣기 위해 혼자 식사를 하는 때가 많았다. 마음이 견딜 수 없이 힘들 때는 지점에서 한 정거장 거리에 있는 교회를 찾아 텅 빈 예배당에 홀로 앉아 "하나님, 어디 계시나요? 저 죽을 거 같이 힘든데 하나님이 정말 계시다면 저를 좀 만나 주세요" 하며 울며 기도하곤 했다.

2016년 봄 상도동으로 이사를 한 후 집을 소개해 준 친구가 생각지도 않았던 공사를 권하면서 "너 교회 다니지? 공사할 사장님이 Y교회 다닌다더라"했다. 지난 2년 동안 다녔던 교회와 멀어지게 되면서 향후 정착할 교회로 옮기려는 생각을 하고 있던 데다 아이의 큰 고모 부부가 다니는 교회니 도움이 될 것 같다는 생각이 들었다. 사실 Y교회에 대해서는 매우 부정적인 편견을 가지고 있었지만 당시는 지푸라기라도 잡고 싶은 심정이었으므로 처음 본 사람에게 사정을 말하고 다짜고짜 Y교회에 인도해 달라고 부탁하여 부인인 L집사를 소개받게 되었다.

L집사의 순수한 믿음과 사랑은 가장 외롭고 힘든 시기를 보내며 절망에 빠져있던 나를 새로운 희망으로 일어설 수 있게 했다. 구역 식구들이 저녁 시간에 함께 모여 나를 위해 특별히 기도할 때는 외로움 속에서 큰 위안이 되었다. 나를 위해 L집사가 함께 등록한 기도 프로그램에서 처음으로 동생을 위해 기도할 수 있게 되었고 눈물과 함께 남동생을 향한 마음속의 응어리들이 다 녹아내렸다. 남동생이 가장 큰 피해자였다는 것을 깨닫게 되었고 어머니를 향해 둘러져 있던 마음의 벽이 사라지면서 외로움도 사라지게 되었다. 이전까지는 어머니를 가엽게는 생각했지만 마음속에는 늘 벽이 있었다.

영업점 현장업무 지원팀, 지점에서 부르는 도우미

2016년 11월부터 인사부 소속 영업점 현장업무 지원팀 파견으로 근무를 시작하게 되었다. 발령을 받고 처음 출근했던 곳은 세 개의 부서가 나란히 붙어 있었는데 내가 파견 받은 부서의 부장을 제외하고는 담당 임원들과 부서장들 모두 경영관리부 근무 시절 안면이 있던 사람들이었다.

영업점 현장업무지원팀 소속 직원들은 일반 직원들과는 다른 '특별한 직원들'이었다. 임금피크 연령을 지난 선배들과 각 부서와 영업점에서 함께 일하기 불편하다고 생각하는 직원들을 분리하여 모아 놓은 곳으로 인사 제도 상 외환은행 출신 직원들은 우리 팀 소속이 되면 직책이 조사역으로 바뀌었다. 하지만 나로서는 마음을 비우고 단순한 작업을 반복하는 것이 오히려 마음을 추스르는 데 도움이 되었다. 일손 도움을 요청하는 지점에 따라 때로는 출퇴근 시간만 왕복 다섯 시간 가까이 걸릴 때도 있었지만 매일 새로운 곳으로 여행을 한다고 생각하며 차 속에서 책이나 유튜브를 보다 보면 어느새 목적지에 다다르고 있었다.

2017년 새해를 맞이하면서 조직 개편으로 우리 팀을 관할하던 부서가 해체됨에 따라 우리팀 직원들은 새로운 관할 부서 직원들과 분리되어 별도의 사무실을 쓰게 되었다. 이후 다른 곳으로 발령을 받을 때까지 1년 8개월 동안은 하나은행에서는 월급만 받을 뿐 조직에서 분리된 것 같은 말 그대로 '파견 직원'이 되었다.

　우리 팀 직원들은 주로 단체 마케팅이란 이름으로 행해지는 영업 현장에 배치되었다. 일정표를 담당하는 직원이 지점으로부터 일손 지원 신청을 받아 금요일 오후 다음 주 일정을 단체 카톡 방에 띄워 주면 지정된 곳에 가서 일을 하는 식이었다. 서울, 인천, 수원, 성남, 평택, 안양, 양주.. 수도권에서 일손이 필요한 곳에는 어디든 가서 인력을 신청한 직원을 만나 함께 일했다.

　단체 마케팅 현장에서 우리 팀 직원들이 하는 일은 주로 신규 아파트 모델하우스 내에서 대출 신청서를 접수하거나 대학교에서 국제학생증 카드 신청서를 접수하는 일 등이었다. 단체 마케팅 업무의 요체는 해당 서류를 접수하면서 인터넷뱅킹, 신용카드와 하나 멤버스 등 KPI(핵심성과지표) 달성에 필요한 거래를 최대한 많이 확보하는 것이었다.

　나는 국제학생증 카드 신청서를 접수하는 일을 가장 많이 했다. 국제학생증은 세계 주요 명소의 입장권을 할인받기 위한 학생 인증 카드인데 은행에서 입회비를 내주고 사은품까지 제공함에도 실질적인 은행거래로 연결되는 경우는 드물지만 한꺼번에 KPI(핵심성과지표) 점수를 대폭 올릴 수 있는 수단이므로 많은 지점들이 앞다투어 행사를 진행했다. 때로는 여러 지점과 이동용 점포 차량까지 동원되는 대대적인 지역 영업본부 차원의 '마케팅 행사'가 될 때도 있었는데 그럴 때는 대부분 지역 영업본부장이 오후에 간식과 함께 격려 방문을 했다.

'국제 학생증 마케팅'을 위해서는 학교와 연계하여 접수일 이전부터 안내 문자를 보내는 등 많은 준비를 하지만 학교에 따라서는 학생들이 "해외여행 갈 돈이 없어요" 하며 전혀 반응이 없는 경우도 있었다. 그럴 때는 하루 종일 학생들에게 전단지를 나눠주며 가입을 간청하는 일을 하느라 몸은 더 힘들었지만 정작 신청서는 거의 받지 못했는데 행사를 추진했던 직원은 "윗 분들에게 어떻게 보고해요"하며 걱정을 가득 안고 '마케팅 일정'을 마감해야 했다.

'고등학생 대상 단체 마케팅'은 주로 '학생증 카드'발급과 '금융교육'과 관련한 일이었다. '학생증 카드 발급'은 이미 학교에서 모든 안내가 이뤄졌으므로 서류만 확인하면 되었고 '금융 교육'은 한두 시간이면 끝나서 그러한 현장에 배치받은 날은 휴가일 같았다.

나는 '고등학생을 위한 금융교육'자료를 따로 만들 정도로 금융교육에 관심이 많았기에 고등학생 대상 금융교육 현장에 배치되었을 때 기대가 되었다. 그런데 강당 무대에 사은품을 올려놓고 학생들이 모이니 '인터넷뱅킹과 하나 멤버스 안내 자료'를 띄우고 10분 정도 설명하며 하나 멤버스를 가입하게 한 후 계좌개설 신청서와 사은품을 교환하는 것으로 행사가 마무리되었다. 그날 나는 오래전에 도이치은행 사람들에게서 들었던 말이 떠올랐다.

'조직의 인재란 스펙이 좋고 똑똑한 사람이 아니라 해당 조직에 가장 적합한 사람이다'

영업점 현장업무 지원팀에서 일하다가 어느 정도 시간이 지나면 다른 곳에서 일하게 될 줄 알았다. 나로서는 임금피크 대상 연령까지 2년도 남지 않은 상태여서 퇴근시간도 빠르고 일이 없는 날도 많아 현장업무 지원일을 계속하면서 은퇴 후를 준비하는 것도 나쁘지 않았지만 은행에서 받았던 혜택과 받는 월급을 생각하면 매우 민망한 마음이었다. 그러한 마음 때문인지 2017년 여름 어느 날 한 임원을 만나는 꿈을 꿨다. 내가 예비 PB로 선발되고 압구정지점 PB로 발령받았을 당시 PB사업부장이었던 임원이 탁상용 달력의 날짜를 가리키며 본인을 만나러 오라고 말하는 꿈이었다. 비록 꿈이었지만 내용이 너무 생생해서 비서를 통해 면담을 신청하여 1시간 가까이 면담할 수 있었다. 면담을 시작하자마자 부행장이 대뜸 "어디 가고 싶어?"했다. 나는 "형편만 된다면 월급을 안 받더라도 KEB USA에서 일하고 싶어요. 하지만 제 경험을 살려 일할 수 있는 곳이라면 어느 자리든 괜찮습니다" 했다.

하나금융에서 외환은행을 인수한 후 북미시장 영업의 교두보를 확보하기 위해 인수했던 KEB USA가 계속 적자 상태였고 이로 인해 인수를 주도했던 사람들에 대해 '허황된 꿈'을 꾼 사람들로

209

이야기하는 것을 들었었기에 '보이는 것이 다가 아님'을 증명하고 싶다는 열망이 있었다. 교회 방송을 통해 헌신적인 선교사들의 활약상을 보면서 해외 시장에서의 금융 영업을 대입하는 상상을 했고 이 전의 외국인들과의 거래 경험을 비춰봤을 때 불가능한 시장이 아닐 거라는 믿음으로 기회가 주어지기를 기도하고 있던 중이었기에 나는 내가 할 수 있는 최선을 다한다는 심정이었다. 부행장은 미국은 가능성이 없는 시장이라고 하면서 내가 가져갔던 자료들을 검토한 후 한 달 안에 연락을 주겠다고 했지만 그 이후 아무런 소식이 없었다.

많은 영업점들이 문을 닫으면서 2017년 여름 정기 인사발령을 통해 우리 팀 인원이 많이 증가했다. 그중에는 신입 행원으로 종암동 지점에 같이 부임했던 동기의 소개로 20대 때 초반부터 알게 되어 나와 가장 많은 시간을 함께 해 온 외환은행 출신 K차장이 있었다. 결혼 전 늘 함께 어울리다가 나보다 7개월 먼저 결혼했던 친구로 서로 가족 간에도 잘 알아서 내 딸이 유학을 가면서 "나 미국 가면 엄마가 00이모랑 가까운 곳에 살았으면 좋겠어" 했던지라 감사하고 신기한 마음이 들었다. K차장과 나는 사무실에서는 자리를 나란히 하고 퇴근 후에는 남산 길을 함께 걷기도 하는 등 자칫 외로울 수 있었던 1년 동안 많은 시간을 함께 보낼 수 있었다.

빤히 쳐다보던 행장과 눈길을 피한 부행장들

2018년 새해 첫 출근일, 매해 새해 첫날은 본점 현관에 전 임원이 도열하여 출근하는 직원들에게 새해 인사를 하기에 그 시간대를 피해 출근할까 하다가 '내가 죄지은 것도 아닌데.. '하는 생각이 들어 평소 때와 같은 시간에 출근했다. 현관에 들어서니 맨 처음 행장과 악수를 하고 서열 순으로 서있는 임원들과 차례로 악수하며 새해 인사를 하도록 되어 있었다. 행장이 나와 악수를 하면서 내 얼굴을 한동안 유심히 쳐다봤다. 내가 서울은행 본점에 근무할 당시 행장은 본점 건물 1층에 있던 영업1부에 근무했기에 얼굴이 낯설지 않고 행장이 충청지역 임원이었을 때 소속 직원이 잘못 보낸 10만 불의 회수를 도왔다는 것을 알고 있기에 나를 찬찬히 바라보는 것 같았다. 나와 면담한 적이 있었던 부행장두 명은 모두 내 눈길을 피하며 어색하게 악수를 했고 90년대 중반에 서울은행에서 하나은행으로 이직했던 여자 임원은 반갑게 아는 척을 했다.

우리 팀 인원이 계속 늘어났지만 영업점의 일손 지원 신청은 오히려 줄어들면서 2018년 들어서는 일 하는 날보다 쉬는 날이 더 많아졌다. 단체 마케팅 행사가 취소되는 경우도 많아서 한 영업점에 장기간 파견되어 일했던 몇 명의 직원을 제외하고는 한 달 중 일하는 날이 5일도 되지 않았다. 나는 신설 부서 직원 공모에 응하기도 하고 임원들과 면담을 했음에도 영업점 현장업무 지원팀을 떠나지 못했던 상태였기에 마음을 비우고 1년 도 채 남지 않은 임금피크 특별퇴직 대상자가 되는 날만을 기다리는 상황이 되었다. 은행의 다른 직원들과는 거의 교류가 끊어진 상태였고 관할 부서의 부장은 우리 팀 직원 간에 불협화음이 발생했을 때 몇 차례 직원 회의를 소집하여 "출퇴근 시간 잘 지키고 직원들 간에 다투지 말고 사이좋게 지내라" 라는 등의 '훈화 말씀'을 할 뿐이었다.

2018년 들어 청년들에게 더 많은 일자리를 제공할 수 있도록 정부에서 희망퇴직을 독려했기 때문인지 여름에 갑자기 희망퇴직을 실시하게 되었다. 희망퇴직 실시 후 영업점 인원이 부족해짐에 따라 8월 중순 임금피크 연령이 지난 선배들과 건강이 좋지 않은 몇 명을 제외하고는 모두 영업점으로 발령을 받게 되면서 나도 H 지점으로 가게 되었다.

갑작스러운 인사발령 덕분에 노동조합 간부가 된 Y지점 근무 직원의 도움으로 인사운용을 총괄하던 팀장과 진지한 면담을 할 수 있게 되었다. 짐작했던 대로 '온갖 혜택만을 누리다가 승진 누락에 반발해서 하극상을 한 나쁜 사람'으로 인사부에 보고되어 있었다는 것을 확인할 수 있었다.

인사부 소속으로 근무하는 동안 '단 한 번의 잘못된 만남'으로 인해 오랫동안 능력을 인정받으며 성실하게 근무해왔음에도 '문제 직원'으로 낙인찍혀 인사부 소속이 되었다는 직원들을 많이 봤기에 놀라울 일은 아니었다. 다만 '나라에서는 흉악범에게도 본인을 변호할 수 있는 권리를 주는데 ..'하는 생각이 들었다.

H 지점에서 창구 수납 직원으로 하루 근무하는 동안 특수영업부에서 같이 근무했던 동기를 십여 년 만에 만날 수 있었다. 당장 그만두더라도 책임자 시험을 합격하고 싶다며 눈이 퀭하도록 공부했던 친구는 은행을 퇴직한 후 영어 공부를 하여 외국인 여행객을 안내하는 일을 하고 있다고 했다. 난 그 친구와 오랫동안 연락이 끊긴 상태였기에 H 지점 인근에 사는 줄도 몰랐었는데 그날 공과금을 내러 우연히 지점을 방문했다가 먼저 나를 알아본 것이었다.

H 지점에서 하루를 근무한 후 '본점에서 영업점으로 발령받은 직원들을 위한 연수'에 참여하던 중 다시 인사부 소속으로 발령을 받으며 기업 인터넷뱅킹 개선 작업 TFT팀 전산개발 테스트 요원으로 근무하게 되었다. 관할 부서와 떨어진 별도의 사무실에서 전산 개발을 추진하는 직원들과 인사부 소속인 테스트 요원들이 함께 근무하고 있었는데 전산개발이 거의 완료된 단계에 내가 추가된 것이었다. 나는 전산 테스트 요원으로 투입된 것이었지만 은행 업무를 전혀 모르는 사람이 번역했는지 영문 페이지에 오류가 많아 주로 영문 수정 작업을 했는데 부서의 분위기가 좋아서 오랜만에 직장 생활을 하는 기분이었다.

기업 인터넷뱅킹 개선 작업 TFT팀은 여직원들만 해도 열 명이 넘었는데 여직원 몇 명이 매주 화요일 점심시간에 신우회 예배가 있다며 같이 가자고 했다. 나는 같이 가는 대신 예배시간에 회의실에서 혼자 기도를 하곤 했는데 G차장은 예배에 다녀오고 나면 늘 "차장님, 다음번에 꼭 같이 가요" 했다. 하지만 나는 본점에 근무하는 동안 다른 부서 사람들을 접촉할 일이 많았었기에 신우회 예배에 가면 아는 사람들을 많이 만날 것 같아 참석이 꺼려졌다.

내 마음을 아는 G차장이 "차장님, 괜찮아요. 눈 딱 감고 한 번 가게 되면 계속 가실 수 있을 거예요" 하며 계속 권하더니 신우회 예배 하루 전날 "내일은 꼭 함께 가요" 했다. 나는 예배에 참석하지 못하는 대신 찬양곡이라도 추천하고 싶다는 마음이 들어 찬양곡을 추천했다. 그런데 찬양곡 선정은 지주회사 직원이 담당하므로 만일 지주회사 직원이 사정이 있어 악보를 보내지 못할 경우 내가 추천한 곡을 주보에 싣겠다고 했다. 나는 내 자리로 돌아와 아픈 마음을 가라앉히며 마음속으로 '제 마음 아시지요..' 한 후 잊고 일에 열중하고 있었는데 내가 찬양곡을 추천한 지 두 시간 정도 지났을 때 G차장이 "차장님! 소름 돋아요. 차장님이 추천한 두 곡으로 악보가 왔어요"했다. '사랑의 종소리' 와 '여기에 모인 우리' 악보를 확인하며 눈물을 참을 수가 없었다.

'서로 믿음 안에서 서로 소망 가운데 서로 사랑 안에서 손잡고 가는 길..'

214

'주님이 뜻하신 일 헤아리기 어렵더라도 언제나 주 뜻 안에 내가 있음을 아노라..'

내가 기업 인터넷뱅킹 개선 작업 TFT팀으로 발령받았을 당시에는 두 달 안으로 작업이 완료되어 10월 중에는 테스트팀이 해체될 예정이라고 했는데 개발 작업이 지연되어 해를 넘기게 되었다. 금융산업노동조합 협상에서 임금피크 대상 연령이 1년 연장되었다고 했지만 은행별 세부 협상은 이뤄지지 않은 상태에서 2019년을 맞이했고 1월 중순에 임금피크 특별 퇴직 공문이 도착했다. 나는 공문 도착 다음날 사표를 제출한 후 휴가를 썼다. 다시 출근해서 기업 사업본부에서 마련한 송별식에 참여한 후 본점 현관에서 몇몇 직원들과 기념사진을 찍은 후 36년간의 은행원 생활을 마감했다.

송별식에 참석한 후 다시 휴가를 썼는데 2019년 2월 1일 몇몇 후배들이 퇴직 발령 공문을 본 후 전화를 해 줘 2019년 1월 31일 자로 퇴직 처리가 되었음을 확인할 수 있었다.

퇴직금을 수령하고 하나은행과의 인연이 다 마무리되었다고 생각할 무렵 퇴직 전 몇 달 동안 살았던 언니 집으로 택배가 도착했다는 연락을 받았다. 은행장 명의로 보낸 감사패였다.

앞만 보고 달려온 지난 세월,

그 뜨거웠던 열정과 헌신이
오늘날 세계로 도약하는 KEB하나은행의 굳건한 토대가 되었음을
KEB하나가족 모두는 영원히 잊지 않을 것입니다.
감사합니다. 존경합니다.
그리고 사랑합니다.
당신은 영원한 KEB하나가족입니다.

2019년 1월 31 KEB하나은행 은행장 ooo

제 2의 천직을 만나다

걸음마 영어와 도서출판 봄비

어머니의 무한한 기대와 무조건적인 헌신의 대상이었던 남동생은 내 형제 중 나와 가장 많이 닮았다. 퇴직을 하자마자 마침 교회에서 내가 참여하고 있던 단체의 봉사자 대상 교육 프로그램이 있어 남동생과 함께 참여하게 되었다. 소모임 나눔을 통해 어머니의 기대와 본인의 현실 사이에서 갈팡질팡하며 자리를 잡지 못하다가 삶을 거의 포기하다시피했던 남동생의 속 마음을 처음으로 볼 수 있었다. 남동생은 말라가던 고목나무에 새싹이 돋아나는 느낌이라고 했다.

이어 남동생과 함께 치유 프로그램에 참여하게 되었는데 같은 테이블에 앉아있던 사람들이 기도 시간 중에 뜬금없이 나에게 영어를 가르쳐달라고 했다. 2016년부터 교회 내 '성령행전' 모임에서 함께 봉사하며 기도해 오던 사람들이었다. 오랫동안 영어를 잊고 살던 나이가 지긋한 사람들을 가르친다고 생각하니 내가 직접 교재를 쓰는 게 낫겠다 싶었다. 영어를 전공하지 않았지만 내경험을 담아 은행원으로서 고객을 대했던 마음으로 쓴다면 가장 친절한 영어 기초 교재를 쓸 수 있겠다 싶었다. 걸음마를 시작해야 이후에 걷고 뛸 수 있기에 영어의 걸음마를 돕는다는 마음으로 책 이름을 '걸음마 영어'로 정하고 교재를 쓰기 시작했다.

딸아이가 책 디자인 작업을 할 수 있었기에 아예 출판사를 설립해서 자유롭게 배포하면 좋을 것 같았다. 내가 다시 젊어져서 다른 직업을 선택할 수 있다면 기자가 되고 싶다는 생각을 많이 했었는데 출판사 창업에 대한 교육을 받으면서 제2의 천직을 만난 느낌이었다. 공교롭게도 내 생일날 사업자등록을 했고 '걸음마 영어' 발행일이 11월 11일 하나금융에서 '하나 데이'로 부르는 날이었다. 서점 납품 계약들을 체결하고 교회 사람들과 지인들에게는 무료로 배포를 했는데 이를 통해 오랫동안 연락을 못했던 사람들에게 인사를 하게 되었고 새로운 만남도 생겨났다.

국회의원에게도 KPI(핵심성과지표)가 있을까요?

중국인 친구가 내 이름을 한자로 써 달라고 한 후 내 이름에 쓰는 '고무래 정'자를 보더니 '일복'이 매우 많겠다고 했다. 이름 덕분인지 나는 일곱 살 때 막냇동생을 업고 다녔던 것을 시작으로 어릴 때도 여러 조카들을 돌보는 등 거의 늘 일을 하며 시간에 쫓기는 생활을 해 왔기에 은행을 퇴직하니 새 세상을 만난 기분이었다. 언니와 여행을 다녀온 후 쉬엄쉬엄 영어 교재를 쓰는 한편 어렸을 때부터 하고 싶었던 피아노와 노래를 배우며 음악과 가까이 지내다 보니 은행원으로 생활을 한 적이 언제였던가 싶을 정도였다.

DLF(파생상품결합 펀드) 투자 손실 소식을 처음 접했을 때는 평안함이 깨지는 것이 두려워 더 이상은 생각하지 않고 외면하고 지냈다. 그런데 이후 내가 홍콩에서 돌아와 근무했던 A PB센터지점이 영업1부에 이어 가장 많은 금액이 가입되어 있다는 소식을 듣고 내 고객들의 얼굴이 떠 올랐다. 이후 갈등하고 고민하며 기도하던 중 '진실을 알고도 외면하는 것은 거짓 증거하는 것과 같다'는 설교 말씀을 듣게 되니 용기를 내어 DLF(파생상품결합펀드) 관련해 많은 관심을 보이는 듯한 정무위원회 소속 국회의원에게 이메일로 편지를 보냈다. 하지만 이메일 수신이 확인되었음에도 아무런 응답이 없어서 안타까운 마음을 접고 다시 그냥 지냈다.

한 달쯤 지났을 때 캐나다에 이민가서 살고 있던 대학 동창이 한국을 방문했는데 출국하기 전 아는 국회의원에게 나를 꼭 소개하고 싶다고 했다. 외국계 은행에 근무했던 친구인데 지인인 국회의원과 만나게 해주면 서로 도움이 될 것이라고 생각한 것 같앉다. 친구와 함께 만났던 국회의원 또한 DLF(파생상품결합펀드) 관련 활동으로 우수 국감위원에 선정되기도 했는데 DLF 문제는 이미 종결된 사항이라고 했다. 나는 DLF는 빙산의 일각일 뿐이라고 생각하고 있었기에 금융투자상품 취급 관련한 우려를 담은 자료를 전달했다.

내가 경영관리부에서 자산부채관리위원회 회의에 참석했을 때 임원 중 한 사람이 듀레이션(Duration: 채권 투자금의 평균 회수 기간을 의미)이 뭐냐고 물어봤었는데 그 임원은 소위 국내 명문대 경영학과를 졸업한 사람이었다. 나 또한 상업학교를 나오고 대학에서 회계학을 공부했지만 CFA(국제 재무분석사) 시험공부를 하기 전까지는 금융 투자에 대해서는 문외한이었다.

은행이 은행의 자산인 대출에 대해서는 정교하게 위험관리를 하면서 고객이 은행에 맡긴 자산을 관리함에 있어서는 정교한 위험관리 시스템이 없었다. 그러한 점에 대해 누구도 문제의식을 갖지 않고 있었고 고객의 민원마저도 탐욕스러운 고객의 어처구니없는 주장으로 취급되는 현실이 안타까웠다. 내가 국회의원에게 전달하고 싶었던 것은 DLF(파생상품 결합펀드)를 가입한 고객들에 대한 안타까움도 있었지만 더 큰 우려는 주가 연계 ELS에 대한 문제였다. 발행사(증권사) 위험은 전혀 고려하지 않고 주가만 하락하지 않으면 수익이 보장되는 것처럼 생각하는 사람들이 많았고 쏠림 현상이 매우 심각하다고 생각했기 때문이다.

지역구 국회의원 공천 신청, 어휴..순진하긴

 같은 집에 살아왔으면서 딸이 성장하는 동안 거의 시간을 함께 하지 못했기에 방학을 맞이하여 집에 와 있는 동안에는 가급적 딸과 많은 시간을 보내려고 노력한다. 2020년 1월 설날 연휴 전날, 공항에서 딸을 배웅하고 허전한 마음이 되어 인터넷 뉴스 기사를 이것저것 눌러 보던 중 자유한국당 공천관리 위원장의 인터뷰 기사를 읽게 되었는데 '기존 정치의 판을 바꾸는 개혁 공천을 할 것이다'는 내용을 보며 마음이 움직였다.

 내가 속한 지역구의 의원은 한때 나의 딸과 언니가 열렬히 지지했던 사람이지만 나와는 세상을 보는 관점과 문제 해결 방안이 많이 달라서 한 번 겨뤄보고 싶다는 강한 열망이 마음속에서 불일 듯 일어났다. 갑작스럽게 솟아난 열망으로 인해 나 스스로도 매우 놀랐고 선거 운동에 대해서는 한 번도 생각해 본 적도 없었기에 두려운 마음도 함께 일었다. 그런데 공교롭게도 같은 지역구의 자유한국당 당원협의회 위원장을 확인하니 남동생과 나이와 이름이 똑같았고 민주당의 당협위원장으로 예비후보로 뛰고 있던 사람이 나와 같은 시기에 은행을 퇴직한 노동조합 간부 출신이었다. 또한 교회에서 함께 찬양 활동하는 사람이 그날 단체 카톡 방에 30년 전에 많이 듣던 복음성가가 생각났다며 '당신의 뜻이라면'을 올렸다. 내가 영등포 지역 Y지점에 근무할 당시 힘든 마음을 위로받기 위해 반복해서 들었던 곡이었기에 예사롭지 않게 느껴졌다.

상업학교와 대학교를 같이 다닌 친구들 대부분이 다른 당의 열렬한 지지자였기에 가장 친한 친구에게도 공천 신청을 했다는 사실을 말하기 어려웠다. 하지만 정치의 판을 바꾸는 개혁공천을 한다고 하니 국회의원이 된다면 내가 평생 꿈꿔 오던 많은 일들을 할 수 있을 것 같았다. 본인의 직업에 충실하며 최선을 다해 열심히 노력해 온 보통 사람들이 현역에서 은퇴한 후 국회에 진출해서 현장 경험을 살려 사회 발전에 이바지할 수 있는 계기가 될 수 있다면 참 좋겠다는 생각도 들었다.

현역 의원이 거물급이어서인지 공천을 신청한 사람들이 많지 않아 지구당 당원협의회 위원장과 나만 공천 면접에 참여했다. 각자 1분간 출마의 변을 말한 후 이어 필승 전략을 말했다. '지피지기 백전불태', 나는 공천을 신청한 후 현역 의원의 활동 상황과 연설문 등을 확인하면서 지역을 대표하는 일꾼에 초점이 맞춰진다면 승산이 있겠다고 생각했다. 내가 신청한 지역구는 추가 공모에 응한 사람들이 있어서 심사 결과가 비교적 늦게 발표되었는데 뉴스 기사를 통해 당원협의회 위원장이 후보가 되었음을 알 수 있었다.

교회의 같은 단체에서 활동하는 사람들과 선거 운동을 도와줄 핵심 인력 및 몇몇 친구들 이외에는 대부분의 사람들에게는 공천 신청 사실을 알리지도 않았다. 기존 정치인들과는 다른 차별화된 선거 운동을 하고 싶어서 준비만 하고 있던 상태였다. 공천심사에서 탈락한 후 국회의원 출마 경력이 있는 사람과 통화하며 공천 신청 사실을 말하니 "어휴, 순진하긴" 했다.

공천심사 발표 다음 날 선거 운동을 돕기로 했던 사람이 찾아와 내게 '나의 이야기'를 책으로 낼 것을 권했다. 예전부터 책을 내라는 권유를 종종 받아왔지만 나를 대중에게 내 보이는 일이 조심스러웠기에 만일 쓰게 되더라도 아주 먼 훗날이 될 것이라고 생각했다. 그런데 문득 스티브 잡스 (Steve Jobs)가 스탠퍼드 대학교 (Stanford University) 졸업식에서 했던 연설이 생각났다. '오늘이 내 인생의 마지막 날이라면 지금 하려고 하는 일을 할 것인가?'

나는 그날 저녁부터 내 기억을 불러내 글로 옮기기 시작했다.

3 장

못난 소나무 PB의
금융교육 특강

자본주의 사회에서 금융을 모르는 것은 보화 사회에서 인터넷을 모르는 것과 같다

금융교육은 평생 자산관리 교육이다

우리는 언론을 통해 일확천금을 얻었던 로또(복권) 당첨자들이나 한때 돈을 잘 벌었던 유명인들의 파산 사례를 종종 접할 수 있는데 실제 복권 당첨자의 3분의 1 정도가 파산한다고 한다. 자본주의 사회에서 금융을 모르는 것은 자칫하면 비참한 삶으로 이끌수 있음에도 불구하고 대부분은 필요성을 체감하지 못하고 뼈아픈 경험을 한 후에야 '금융 교육'의 중요성을 깨닫게 되는 경우가 많다.

특히 우리나라는 이른 나이에 돈을 아는 것은 아이답지 않은 잘못된 것으로 여겨지며 금융교육이 용돈관리 교육 수준에 머물러 있어 왔다. 그런데 최근 들어 금융교육이 자본주의 사회에서 살아가기 위한 실질적인 삶의 기술에 대한 교육으로 인식되고 재정적 위험을 줄이고 성공 가능성을 높이도록 하는 방안으로 발전되고 있는 듯하여 다행이다.

1987년부터 20년 동안 미국 연방 준비 위원회(Fed) 의장을 지낸 앨런 그린스펀(Alan Greenspan)은 "문맹은 생활을 불편하게 하지만, 금융맹은 생존 자체를 어렵게 한다"라는 말로 금융맹의 위험성을 강조했는데 아이러니하게도 앨런 그린스펀(Alan Greenspan)의 미국 주택시장 활성화 정책이 서브프라임 모기지 사태를 불러와 2008년 금융위기의 원인이 되었고 이는 결과적으로 세계 각국이 금융맹의 위험성을 절감하고 금융교육의 중요성을 자각하게 된 계기가 되었다.

　나 또한 투자 대상에 대한 정확한 이해 없이 수익만을 바라봤다가 큰 비용을 치른 후에야 금융과 투자에 대해 제대로 알지 못했음을 깨달았고 관련 공부를 시작했다. 하지만 나는 내 형편상 돈을 모으기 힘들다는 핑계로 내가 보유한 자산 중에서 가장 많은 비중을 차지하는 인적 자산에 대한 투자에 집중하며 자투리 시간도 허투루 쓰지 않으려고 노력했는데 이 또한 과도한 측면이 있었음을 뒤늦게 자각하게 되었다.

　금융교육은 파산 방지 교육을 넘어 인적 자산을 포함하는 전반적인 자산관리 교육이 되어야 한다. 개개인의 상황에 맞게 적절하고 꾸준한 투자가 이뤄질 때 좋은 투자결과를 얻을 수 있다. 그런데 자산의 큰 비중을 차지하는 인적 자산에 대해서는 부모 주도로 대학 입시와 취업을 준비하는 투자에 집중된 후 본인 주도의 지속적인 투자가 이뤄지지 않아 투자의 효과를 제대로 누리지 못하는 경우가 적지 않다. 젊은 세대는 더 큰 변화 속에 살 가능성이 큰 만큼 금융교육은 개인의 인생 전체를 조망하여 개인이 보유한 한정된 자원을 잘 투자하고 관리함으로써 보다 풍요로운 삶을 누릴 수 있도록 돕는 자산관리 교육이 되어야 한다.

자본주의 사회에서 금융 시스템은 신체의 혈관과 같은 구실을 하며 금융 시장은 자산 성장의 기회가 가장 많은 시장인 반면 위험도 많아 섣불리 뛰어들 경우 이용당하기 십상이다. 최근 동학개미라는 말이 생겨날 정도로 주식투자를 하는 사람들이 많아졌는데 주식투자는 회사의 지분을 구입하는 것이다. 따라서 유혹이 많은 금융 시장에서 투자의 성과를 제대로 얻기 위해서는 동업자의 관점에서 투자대상을 제대로 파악할 수 있어야 한다.

따라서 개인은 고수들과 거인들의 게임장인 금융 시장에 직접 뛰어드는 대신 본업에 더 충실하고 금융자산투자는 전문가에게 맡기는 방식을 취할 수도 있을 것이다. 이는 '간접 투자상품' 매입을 통해 이뤄질 수 있는데 간접투자상품 판매 회사는 일정 수수료나 보수를 받고 투자자의 자금을 투자 전문가에게 연결하는 역할을 한다.

금융자산을 관리함에 있어서도 손자병법의 '지피지기 백전불태' 즉 '상대를 알고 나를 알면 백 번을 싸워도 위태롭지 않다'가 적용되어 우선 나의 투자 능력(투자 지식, 자산 수준 등)을 먼저 파악하여 투자 능력에 맞게 투자해야 하고 투자 대상에 대해서도 철저히 파악해야 한다. 금융 투자상품은 반품이 불가능하고 일반 상품에 비해 상대적으로 고액을 투자하기에 더 꼼꼼히 살펴보고 매입해야 함에도 불구하고 그러지 않는 게 현실이다. 금융투자상품은 눈에 보이지 않기에 일반인들이 확인하기 어렵다고 생각하기 쉽지만 기본적인 개념을 이해한 후 상품 설명서(운용 보고서 등)만 꼼꼼히 읽어봐도 대부분의 중요한 정보를 확인할 수 있다.

개념 있는 투자자가 되기 위한 첫걸음은 주요 용어 이해부터

올바른 가치관을 가지고 바른 행동을 하는 것은 당연한 일이지만 쉽지 않은 일이어서인지 때로는 유명인들이 개념 있다며 대중의 칭찬을 받는 경우를 종종 접한다. 어떤 사물이나 현상에 대한 일반적인 지식을 의미하는 개념 (槪念:대개 개, 생각 념), 투자를 시작할 때 첫걸음은 투자에 대한 제대로 된 개념을 갖추는 일이며 개념을 갖추는 것은 주요 용어에 대한 올바른 이해로부터 출발하기에 투자에서 접하는 중요한 몇 가지 용어의 의미를 살펴보자.

주식은 회사의 지분을 잘게 쪼개서 거래가 가능하도록 증표화한 것으로 주식에 투자하면 투자대상 회사와 동업을 하는 것이나 마찬가지여서 투자된 회사가 잘 될 경우 지분 가치 상승에 따른 이익과 배당 이익을 얻을 수 있어 부자들의 가장 대표적인 재산 증식 수단이다.

동업에 실패하지 않으려면 동업자의 사업 능력, 사업 내용, 재정 상태 등을 면밀히 파악한 후 투자를 결정하듯이 주식 투자에 성공하려면 같은 관점으로 투자 대상을 충분히 파악한 후 적정한 가격에 매수하고 적정한 시기에 처분할 수 있어야 한다.

채권은 정부나 회사가 외부로부터 자금을 빌리기 위한 수단으로 발행한다. 따라서 채권을 매입(투자) 한다는 것은 정해진 날짜에 약속된 이자와 원금을 받기로 하고 회사나 정부에게 돈을 빌려주는 것이다. 주식 투자와는 달리 채권 투자는 채권을 발행한 회사의 가치가 상승해도 이미 약속된 금액만을 받고 추가 이익을 얻을 수 없는 반면 회사의 부도 등 특별한 경우가 아니라면 투자금을 잃을 염려가 없으므로 비교적 안전한 투자 수단으로 간주된다.

리츠(REITs)투자는 주식 투자와 유사하지만 부동산을 소유, 관리하는 회사의 지분을 사는 것이다. 부동산 운용 수익을 주주에게 배당금 형태로 배분하며 리츠 가격은 부동산 시장 상황과 금융시장 상황의 영향을 받는다.

파생상품은 주식과 채권 같은 금융 상품을 기초 자산으로 하여 새롭게 만든 것, 말 그대로 기초자산에서 파생된 상품으로 선물 및 옵션 등이 있다. 선물은 특정한 상품(기초자산)을 장래의 특정한 시기에 특정한 가격으로 현물을 매매하는 조건으로 미리 매매 계약을 하는 것이며 옵션은 장래에 특정 상품을 특정한 가격으로 매매할 수 있는 권리를 거래하는 것이다.

하지만 개인 투자자로서 제한적인 정보를 이용해 직접 주식, 채권 및 리츠 등에 투자해서 이익을 얻는 것은 쉬운 일이 아니기에 전문가에게 비용을 지불하고 투자를 의뢰하는 경우가 있는데 이러한 투자 방식을 간접투자라고 하며 간접투자방식의 가장 대표적인 형태 중 하나가 펀드 투자이다.

펀드는 여러 명으로부터 투자 자금을 모아 주식, 채권, 파생상품 등에 투자한 후 그 수익을 투자자들이 나눠 갖는 형태이다. 비교적 소액으로도 누구나 제한 없이 가입할 수 있도록 공개되어 있는 펀드가 많은데 이를 공모펀드라고 한다. 공모펀드는 펀드 관련회사들의 역할이 명확히 분리되어 상호 감시하도록 하고 있으며 판매회사는 투자금을 모으고 운용사는 투자를 이행하며 수탁관리 회사는 자금을 관리한다. 따라서 각 회사의 역할에 따라 판매수수료, 판매 보수, 운용보수, 수탁관리보수 등이 발생하며 펀드의 안정적인 운용을 위해 일정 기간 이내에는 환매를 제한하기도 한다. 환매 제한 기간에 수익금의 일부를 공제하고 찾을 수 있다면 공제되는 수익금을 환매수수료라고 한다.

ETF(Exchange Traded Fund: 상장지수펀드)는 펀드를 거래소에 상장시켜 주식처럼 거래할 수 있도록 만든 것으로 펀드 투자의 장점과 시장에서 실시간으로 거래할 수 있는 주식투자의 장점이 결합된 상품이다. ETF는 주가지수를 추종하는 인덱스펀드(코스피200 등과 같이 지수와 같은 수익을 올릴 수 있도록 설계된 펀드)로 출발했지만 일반 펀드 못지않게 종류가 다양해지고 있다.

ELS(Equity-Linked Securities: 주가연계증권)는 특정 개별 주식의 가격이나 주가지수에 연계되어 투자 수익이 정해지는 증권으로 장외파생금융상품업 겸영 인가를 받은 증권회사가 발행한다. 자금의 일부는 우량채권에 투자하고 일부는 파생상품에 투자함으로써 특정한 수익률을 제공하도록 설계하며 수익 조건을 충족하지 못하면 원금 손실이 발생할 수 있고 만기 전에는 현금화가 어렵다.

펀드 투자, 왜 나는 항상 손해만 보는걸까?

우리나라 금융회사들의 인터넷뱅킹 펀드 가입 화면에 들어가 보면 '수익률이 가장 높은 펀드'와 '판매액이 가장 많은 펀드'를 간판처럼 내세우고 있는 경우가 대부분이다. 판매회사 직원들도 최근 수익률이 좋아 많이 알려진 펀드를 권유하는 경우가 많은데 이는 고객이 제안을 보다 쉽게 받아들이고 펀드 가입을 용이하게 한다. 이는 책이나 영화 등을 선택할 때 '베스트셀러 순위'와 '상영 영화 관객 수 순위'가 의사 결정에 큰 영향을 미칠 수 있는 것처럼 해당 펀드로 자금이 크게 쏠릴 가능성이 크다. 특정 펀드에 자금이 과도하게 쏠릴 경우 펀드의 본래 운용 전략과는 다르게 운용되기도 하고 시장 하락 시 환매 요청 또한 과다해질 수 있어 펀드가 안정적으로 운용되는데 지장을 받을 수 있다. 이에 따라 국내 주식형 펀드의 경우 수익률이 높은 펀드로 주목을 받던 펀드가 수익률 최하위 펀드로 주저앉는 경우가 흔하다.

내가 PB직을 떠날 때인 2015년 5월 기준으로 국내 주식 시장에 투자하는 주식형 펀드들이 3년간 누적 수익률이 최고는 149%인 반면 최저는 -41%여서 둘의 차이가 190%나 되었다. 펀드의 운용보고서를 보면 펀드의 운용 현황을 알 수 있음에도 단순히 주식 시장과 함께 펀드 수익률도 움직일 것이라는 생각에 운용 상황을 점검하지 않고 방치할 경우 큰 낭패를 볼 수 있다.

펀드 가입은 일정 비용을 지불하는 조건으로 전문가(운용사)에게 금융 자산의 운용을 의뢰하는 것이기에 가입 당시의 일시적인 수익률을 보기보다는 믿을 수 있는 대상을 선정하는 것이 무엇보다도 중요하다. 인터넷뱅킹을 통해서도 확인할 수 있는 펀드의

'운용 보고서'를 보면 운용사는 어디인지, 펀드의 수익률이 단순히 시장이 좋기 때문인지 운용 능력이 우수한지, 어느 곳에 투자하는지, 운용을 꾸준히 잘 해왔는지, 펀드 규모가 너무 작아서 운용이 방치될 가능성이 있지는 않은 지, 비용은 얼마인지, 펀드 매니저가 자주 교체되는지 등 자산을 맡기는 데 필요한 정보를 대부분 확인할 수 있다.

채권에 투자할 때 신용평가 회사에서 제공하는 채권의 신용 평가 자료가 의사 결정에 중요한 역할을 하듯이 펀드 투자가 활성화된 국가에서는 펀드에 투자할 때 펀드평가사들이 제공하는 펀드 평가자료를 적극 활용한다. 과거의 이력이 미래의 성과를 보장할 수는 없지만 장기간 검증된 자료를 바탕으로 의사결정을 하면 실패 확률이 낮아질 수 있기 때문이다. 펀드평가 회사는 공모펀드를 평가할 때 펀드의 운용 능력을 평가하기에는 운용 기간이 너무 짧다고 생각하는 경우(통상 3년 미만)에는 아예 평가 등급을 부여하지 않는다.

1977년부터 13년간 총 누적 수익률 2,703%를 기록했던 전설적인 마젤란펀드도 가입자의 절반은 가격이 오를 때 가입하고 수익률이 떨어지면 환매함으로써 원금 손실을 봤던 것으로 알려지고 있다. 아무리 운용을 잘하는 펀드에 가입한다 할지라도 수익률만 보며 시장의 등락에 일희 일비 하면 수익을 얻기 쉽지 않은 것이다.

금융 시장을 예측하는 것은 날씨를 예측하는 것보다 훨씬 어렵고 정확한 예측이 사실상 불가능하기에 포캐스터(forecaster:예측하는 사람, 특히 기상 요원)라는 말을 쓰지 않는다고 한다. 일반적으로 시장이 불안할 때는 부정적인 전망이, 시장이 호황일 때는 긍정적인 전망이 주를 이루기에 특히 개인 투자자는 시장에 대한 부정적인 뉴스가 넘쳐나는 상황에서 평상심을 유지하기가 쉽지 않다. 금융 시장은 등락을 거듭하며 성장한다는 것을 듣거나 경험을 통해 알고 있을지라도 막상 금융 시장이 불안해지면 성급하게 불리한 결정을 내리기 쉽다.

특히 우리나라의 펀드 투자는 장기적 투자로서 복리효과를 누리기보다는 사고팔기를 자주 하며 시장의 등락에 따라 움직이는 경향이 심하다. 하지만 외국에서는 펀드는 장기투자 상품으로 환매는 시장이 좋을 때 하도록 유도하며 펀드 가입 후 일정 기간 동안은 아예 금융 시장을 쳐다보지도 말라고 권유한다. 나 또한 펀드 상품을 취급할 때 가장 안타까웠던 경우가 고객이 투자하기 전에 시장위험에 대해 충분한 이해를 했다고 생각했지만 막상 투자를 실행한 후 시장 상황이 불안해지면 그 상황을 못 견뎌 하는 것이었다. 많은 사람이 공포에 쌓여 투매할 때 오히려 본질적인 가치 대비 고평가 위험이 적은 투자 적기일 수 있지만 대부분 그러한 상황에서는 투자를 기피했고 언론에서조차 시장 하락에 따른 자연스러운 수익률 저하를 투자에 문제가 있는 것처럼 다루는 경우가 많아 안타까웠다.

기적과 같은 복리의 힘,
장기간 돈을 잠재우는 것은 잃는 것이나 마찬가지

신입행원 시절 예금과 신탁의 신규와 해지 등을 담당하는 창구에서 갑자기 큰 소리가 들려 깜짝 놀랐다. 오래전에 가입한 금전신탁이 가입 당시에는 거금이었는데 만기 때 찾아보니 푼돈에 불과하다며 억울하다는 것이었다. 지금과 비교하면 당시 금리는 매우 높았음에도 불구하고 물가 상승률에 비해서는 턱없이 낮았던 것이었다.

몇 년 안에 쓸 자금이라면 원금을 지키는 것이 가장 중요하다. 하지만 미래의 필요를 위한 자금이라면 적어도 물가 상승 속도에 맞춰서 자금도 성장할 수 있어야 한다. 돈을 벌기 위해 열심히 일하면서 정작 보유한 돈을 잠재우고 있다면 여럿이 같이 살면서 함께 일하지 않고 혼자 일하는 것과 같다.

정기예금의 경우는 대개 1년 만기로 운용되는데 만기가 짧으니 실질적인 원금 손실이 발생하고 있다는 것을 대부분 체감하지 못하고 재 예치한다. 하지만 만일 1억 원을 매년 세 후 1% 금리로 예금한다고 가정하면 매년 이자를 더해서 재 예치한다 하더라도 30년 후에는 1억 3,500만원에 불과하다. 반면 적정한 투자로 연 6%로 성장하면 5억 7,400만원이 되고 연 10%로 성장하면 17억 4,500만원, 연 15%로 성장하면 66억 2,000만원이 된다.

매월 30만 원을 30년 동안 적립한다면 연 1.5% 금리면 1억 3,600만원이지만 6% 수익률이면 3억 100만원, 10% 수익률이면 6억 7,800만원으로 성장할 수 있다.

이처럼 장기간 동안 투자할 때 수익률의 차이에 따라 원리금의 차이가 크게 벌어지는 것은 원금에 이익이 계속 더해지면서 기존 원금뿐만 아니라 추가된 이익들에 대해서도 계속 수익이 발생하기 때문이다. 눈 덩이가 커질수록 한 번 굴릴 때마다 더 많은 눈이 붙는 이치로서 이를 복리(複利: 겹칠 복, 이로울 리) 효과라고 한다.

이러하기에 알버트 아인슈타인(Albert Einstein) 도 세계 8번째 불가사의라고까지 일컬으며 기적과 같은 복리의 강력한 힘을 강조한 것으로 알려지고 있는데 종잣돈을 마련하여 일찌감치 적극적인 투자를 시작한 경우 그렇지 않은 경우와 비교했을 때 시간이 흐른 후 부의 차이가 매우 큰 이유이다.

우리나라 사람들은 은퇴 후를 대비하여 퇴직연금이나 연금저축을 꾸준하게 적립하며 연금자산에 대한 관심이 높은 편이지만 수익률은 형편없이 낮은 상황인데 통상 연금 자산은 장기간 투자하는 점을 감안하면 상대적으로 큰 손해를 보는 것과 같다. 개별 상품 위험과 시장위험을 구분함으로써 개별 상품 위험은 분산 투자를 통해 서로 상쇄되게 하고 시장위험은 피하기 쉽지 않으므로 수용하되 시장 상황이 좋을 때 환매하여 수익을 취하는 방식으로 관리한다면 보다 나은 수익률을 얻을 수 있을 것이다.

지금까지 각국에서 수많은 금융 위기를 겪었고 때로는 은행권의 대량 인출 사태까지 발생했지만 금융 시스템의 붕괴는 경제 붕괴로 이어지기에 각국은 전력을 다해 붕괴를 막았고 이에 따라 금융시장도 다시 회복되었기 때문이다.

연금 투자의 모범- 노르웨이 국부펀드

노르웨이 국부펀드는 여러 곳에 분산 투자함으로써 개별 위험을 서로 상쇄되게 하고 장기적인 자산 성장을 이뤄낸 모범적인 투자 사례이다.

노르웨이는 1969년 말 북해에서 유전이 발견된 후 유전으로 인한 소득은 증가했지만 국가 경제가 유가 변동에 따라 영향을 받자 석유로부터 발생하는 수입 전액을 미래 세대를 위해 투자하기로 결정했다. 1972년에 설립된 노르웨이 석유공사가 1996년 5월부터 투자를 시작했으며 장기적인 관점에서 최고의 수익률을 추구하기 위해 적정한 투자 위험은 감수해 왔다. 이에 따라 2008년과 2018년에는 큰 손실(2008년:-23.31%, 2018년:-6.12%)을 기록하였음에도 2019년 말까지 연평균 수익률 6.1%를 달성했으며 투자액 3,855억 불이 2019년 말 기준 1조 1,480억 불로 성장했다.

애플, 네슬레, 마이크로소프트, 삼성 등 전 세계 70여 개 국 9,200여 개 회사 주식과 채권 등에 투자하고 있는데 채권보다는 주식 투자 비중이 월등히 높아 전 세계 상장회사 지분의 1.5%를 소유하며 세계 경제 성장의 과실을 향유하고 있는 것이다. 금융시장의 변화에 일희일비하지 않고 꾸준히 투자해 온 결과 펀드 규모가 노르웨이 GDP의 세배 수준으로 노르웨이 인구가 5백만명 정도임을 감안하면 1인당 약 23만 불(한화 약 2억 7,500만 원) 정도를 보유하고 있는 셈이다.

공모펀드는 기성복, 사모펀드는 맞춤복

맞춤복은 몸의 치수를 재고 옷을 입는 사람이 주문한 대로 옷을 만든다. 소비자의 몸과 기호에 잘 맞는 옷을 만들기 위해 옷을 만드는 중간에 입어보도록 하는 등 주문자와 제작자 간에 긴밀하게 소통하며 옷을 만든다. 예전에는 교복도 맞춤복을 입을 정도였지만 다양한 소비자들의 욕구를 충족시킬 수 있을 만큼 기성복 시장이 발달함에 따라 일반 대중은 맞춤복을 입는 경우가 흔하지 않게 되었다.

공모펀드는 기성복처럼 이미 만들어진 펀드에 누구나 투자할 수 있는 형태로 기성복 시장처럼 다양한 상품으로 금융소비자의 수요에 부응하고 있다. 반면 사모펀드는 맞춤복처럼 소수 투자자들이 자금을 모아 전문가에게 의뢰하여 맞춤식으로 투자를 이행하는 형태이기에 투자 지식을 갖춘 부유층이 금융 당국의 규제를 거의 받지 않고 자유롭게 투자하는 방식이다.

공모 펀드는 공개되어 누구나 가입하는 상품이기에 투자자를 보호하기 위한 장치를 두고 있고 금융당국은 장치의 실행 여부를 감시한다. 즉 펀드 약관을 금융당국에 보고하고 정기적으로 펀드 운용보고서를 공시해야 한다. 소비자들이 기성복을 구입할 때 의류 브랜드를 고려하듯이 투자자들이 공모 펀드를 가입할 때는 믿을 수 있는 운용사인지를 고려하며 펀드평가 회사는 각 공모 펀드의 운용 능력을 평가하여 평가 등급을 부여한다.

반면 사모펀드는 투자 능력(투자 지식과 자산 수준)이 높은 투자자들이 투자 자금을 모아 맞춤식으로 투자를 의뢰하는 형태임에 따라 투자의 자율성을 보장하기 위해 금융당국이 개입을 거의 하지 않는다. 대신 투자자 자격을 제한할 수가 있는데 우리나라는 사모펀드가 사인 간 계약임을 감안하여 투자자 수와 최소 가입 금액을 정하고 있는 듯하다.

헤지펀드는 사모펀드의 한 형태로 파생금융상품을 활용하여 고수익을 추구하는 펀드를 일컫는다. 헤지(hedge)는 현재 가지고 있거나 향후 보유할 자산의 가치 변동에 따른 손실을 예방하는 행위를 의미하는데 저평가된 주식을 사고 고평가된 주식을 공매도함으로써 시장 상황 변동에 상관없이 절대수익을 추구하는 것은 헤지펀드의 대표적인 운용 전략이다. 이러한 투자 전략은 가치 투자의 아버지로 불리는 벤저민 그레이엄(Benjamin Graham)이 1920년대 중반부터 사용한 것으로 전해지지만 헤지펀드라는 용어는 알프레드 윈슬로우 존스(Alfred Winslow Jones)에 의해 1949년에 처음 사용된 것으로 알려지고 있다.

헤지펀드는 복잡한 알고리즘과 고도의 위험관리기법을 사용하기 때문에 운용자의 운용 능력이 매우 중요하고 이에 따라 일반 펀드에 비해 운용수수료가 높은 것이 일반적이다. 펀드가 일정 수익률을 초과하게 되면 상당한 성과보수까지 추가되는 것이 일반적인데 높은 수수료에 비해 저조한 성과를 내는 경우도 많아 비난의 대상의 되기도 하며 높은 수익을 얻기 위해 무리하게 내부 정보를 이용하다가 적발되는 경우도 종종 알려지고 있다.

헤지펀드는 자유롭게 수익을 추구할 수 있도록 금융 당국에서 개입하지 않는 대신 투자 능력이 있는 사람만 투자하도록 투자자 자격을 제한하는데 미국의 경우는 현재 연간 소득 20만 불 이거나 금융자산 100만 불 이상으로 제한하는 것으로 알려지고 있다.

펀드, 자문형랩, ELS, 사모펀드..
금융투자상품 시장 발전사?

공모펀드 투자는 소액으로도 분산투자가 가능하기에 일반 대중의 가장 쉬운 재테크 수단이다. 이에 따라 미국에서는 1900년대 초반부터 꾸준히 성장해 왔으며 1980년 이후에는 401(K)로 불리는 퇴직연금 도입과 더불어 폭발적으로 성장했다. 401(K)는 회사가 매월 일정액의 퇴직연금을 적립해 주고 직원 각자가 독립적으로 운용하도록 하는 방식임에 따라 미국 내 펀드 가입 가구와 규모가 10배 이상 성장한 것으로 알려지고 있다.

하지만 한국은 펀드 투자문화가 올바르게 자리 잡기 전에 펀드 가입 규모가 폭발적으로 성장한 상태에서 금융 위기로 인한 주가 폭락과 함께 펀드 손실이 확대되었다. 이에 따라 무차별적으로 해지하거나 방치되었으며 특히 쏠림 현상이 컸던 대규모 국내 공모 펀드들은 대부분 주가가 회복되면서 환매 요청도 크게 증가함에 따라 펀드 수익률 회복이 주가 회복률에 크게 미치지 못했다. 또한 대부분의 펀드 가입이 가입 당시 수익률이 높은 상품 위주로 이뤄지고 적절한 관리가 이루어지지 않음에 따라 투자자들 사이에서 신뢰를 거의 잃게 되었다.

주식형 자문형 랩은 주식형 펀드 투자 시 펀드가 보유하고 있는 주식 종목을 정확하게 확인할 수 없다는 단점을 극복함에 따라 펀드에 대한 불신의 틈새를 파고들 수 있었다. 소수 부자들이 투자하던 자문형 랩의 높은 수익률이 알려지면서 가입자 수와 판매 규모가 급격히 증가하였고 이는 한동안 시장 지수 대비 높은 수익률로 연결되었다. 하지만 자동차,화학, 정유업종 등 특정 종목에 대한 집중 투자로 투자된 종목의 주가가 과도하게 상승함에 따라 뒤늦게 투자에 나선 투자자들은 주가 하락과 함께 큰 손실을 입게 되었다.

이후 주식형 간접 투자 상품에 대한 기피 현상이 심해짐에 따라 주식시장의 움직임에 따라 수익률이 변동하지 않으며 주가가 일정한 폭 이상 하락하지 않는 한 정기예금 대비 높은 수익을 얻을 수 있는 ELS(Equity linked securities: 주가 연계증권) 가입 규모가 급속도로 증가하였다. 판매회사 입장에서는 수수료 수입이 적지 않은 데다가 대개는 만기 전 조기 상환 후 재가입이 이뤄지기 때문에 효자 상품이었다. 판매 직원 입장에서도 펀드와는 달리 주가 폭락 사태가 없는 한 판매 후 사후 관리를 하지 않아도 되며 대개는 조기 상환된 후 재가입이 이루어졌으므로 실적 관리에 유리하고 고객 입장에서도 투자 손실 경험이 적고 상품에 대해 이해하기도 어렵지 않아 국민 재테크 상품이라는 말이 생겨날 정도였다.

ELS(주가 연계증권) 수익률은 이자율, 시장의 변동성, 연계되는 자산 수, 상환 조건 등을 반영하여 결정되는데 저금리와 금융

시장이 안정된 상황에서는 좋은 수익률을 제시하기 어렵다. 이에 따라 ELS(주가 연계증권) 발행사는 증권에 연계되는 자산 수를 증가시키는 등 상환 조건을 불리하게 하여 수익률을 맞출수 밖에 없다. ELS(주가 연계증권)에 연계되는 자산의 수와 발행 규모가 증가하면 관련 위험도 또한 증가한다. 연계되는 자산의 수가 증가할수록 어느 하나라도 자산 가치가 하락할 수 있는 가능성이 증가하는 것이고 ELS(주가 연계증권) 발행 규모가 증가할수록 금융시장이 불안해질 경우 ELS(주가 연계증권)를 발행한 증권사의 위험 관리 비용이 가파르게 증가하기 때문이다. 증권사가 위험 관리에 실패할 경우 해당 증권사가 발행한 ELS(주가 연계증권)의 손실이 불가피하기 때문에 보유 금융자산 대비 과도한 금액을 한 증권사의 ELS(주가 연계증권)에 넣는 일이 없도록 해야 한다.

사모펀드 투자는 자산능력과 투자의사 결정 능력을 갖춘 투자자들이 자금을 모아 투자를 대행할 전문가에게 맞춤식으로 투자 행위를 의뢰하는 투자 형태이다. 2008년 금융 위기 이후 저가 매물로 나온 기업을 대출을 이용해 인수한 후 매력적인 기업으로 탈바꿈시켜 매각하는 방식을 통해 성공을 거두는 사례가 많이 부각되면서 크게 주목받게 되었다. 몇 년 전까지만 해도 은행에서 사모펀드 판매는 일반적이지 않고 '고급 맞춤옷'처럼 계열사가 내놓은 우량 건물 매수, 개인적으로 구하기 어려운 주식의 상장 전 매입 등 그야말로 'VIP 고객을 위한 맞춤형 펀드' 정도였는데 사모펀드 관련 최근의 상황을 보면 놀랍고 안타깝다.

투자의 사전적 의미는 '이익을 얻기 위하여 어떤 일이나 사업에 자본을 대거나 시간이나 정성을 쏟는 것'이다. 본인의 노력 없이 오로지 타인의 조언에만 의지하여 자산을 관리하는 것은 일종의 도박이나 투기이지 투자라 하기 어렵다.

전문가의 도움을 받더라도 중요한 판단은 본인이 할 수 있어야 하며 그래야 제대로 된 위험관리가 가능하다. 이에 CFA(국제 재무분석사) 협회에서는 투자자의 투자능력을 자산능력과 투자의사결정 능력으로 구분하여 낮은 쪽에 맞춰 투자를 권유하도록 하는 한편 고객의 투자의사결정 능력을 향상시킬 수 있도록 투자자 교육을 강조하고 있다.

투자는 기본적으로 위험을 수반하며 단지 손실 확률이 높은지 낮은지 차이만 있을 뿐이다. 손실 확률이 아무리 낮더라도 손실이 전혀 발생하지 않는다는 것과는 달라서 경우에 따라서는 큰 손실이 발생할 수 있다는 점을 명심해야 한다. 따라서 투자 활동은 위험관리가 핵심으로 손실 확률은 낮추면서 위험관리에 대한 대가로 수익을 최대한 얻을 수 있도록 노력하는 것이다. 그런데 이익을 얻기 위해 받아들여야 하는 손실 가능성을 리스크(risk)로 표현함에 따라 역시 '위험'으로 번역되는 데인져(danger)로 이해되어 무조건 회피해야 되는 것으로 인식되는 경우가 많다. 단순히 피하기보다는 관리 능력을 키움으로써 위험관리에 대한 보상을 받아야 하는데 손실 가능성이 전혀 없고 수익은 높은 상품을 찾다가 오히려 큰 낭패를 볼 수 있다.

안전자산의 대명사 국채, 안전 투자 자산일까요?

채권 투자는 특별한 일이 없는 한 약속된 이자를 받으며 만기에 원금을 되돌려 받을 수 있다. 발행사의 분식회계나 예기치 못한 상황 변화 등도 있을 수 있지만 대부분은 신용평가기관이 채권에 부여한 신용등급에 따라 부도 가능성을 예상할 수 있기에 비교적 안전한 투자 대상으로 간주되며 투자하기도 쉽다.

채권 가격 또한 수요 공급에 의해 영향을 받는데 시중 이자율 변화와 반비례하여 움직이며, 만기까지 남아있는 기간이 길수록 변동폭 또한 커진다. 채권에 투자한 후 투자할 당시보다 시장 이자율이 상승했고 만기가 한참 남아 있다면 남은 투자 기간 동안 상대적으로 불리한 투자를 한 상태에 놓이게 되는 셈이므로 그 내용이 채권 거래가격에 반영되어 투자할 당시의 가격보다 하락하는 것이다. 반면 시장 이자율이 하락하면 상대적으로 높은 금리로 투자한 셈이 되므로 가격이 상승할 수 있다. 즉 만기까지의 기간이 길수록 같은 이자율 변화에 영향받는 기간이 더 많기 때문에 가격 변동폭이 더 커지는 것이다.

이자율 변동에 따라 채권 가격이 대략 얼마나 변동할 수 있는지를 예측할 수 있는데 이때 사용되는 지표가 채권 투자 자금의 평균 회수기간을 의미하는 듀레이션(Duration)이다. 만일 듀레이션이 15라고 하면 시중 금리가 1% 상승하면 채권 가격이 대략 15% 하락할 수 있다는 것을 의미한다. 즉, 시중 금리가 상승함에 따라 투자금의 평균 회수기간 15년 동안 매년 상대적으로 1%씩 손해 보는 셈이므로 그만큼 채권 가격에 반영되는 것이다.

그런데 국채를 투자하는 사례를 보면 대개 부도 가능성이 낮은 점과 시장 이자율 하락 시 채권 가격 상승 가능성만 생각하며 매우 안전한 투자로 인식하는 경우가 많다. 투자 자산으로서의 장기 국채는 가격 변동성이 크다는 것을 시중 이자율 상승 후 갑작스러운 채권 가격 하락을 겪은 후에야 깨닫는 경우가 많다.

또한 금융시장이 불안하게 되면 안전자산으로 자금이 몰리는데 미국 국채나 독일 국채 등은 대표적인 안전자산으로 간주된다. 이러한 국채에 수요가 몰릴 경우 액면가보다 높은 가격에 발행되거나 거래되며 마이너스 수익률이 될 수 있다.

높은 수익률에 가려진 손실의 늪

　수익률이 높아도 수익률의 변동성 또한 매우 높다면 자칫 손실의 늪에 빠지기 쉬우므로 투자 시 유의해야 하는데 펀드의 변동성은 표준편차(평균을 기준으로 얼마나 퍼져있는지를 나타냄)로 확인할 수 있다. 원자재 등 파생상품 펀드나 레버리지 펀드 등은 일반 주식형 펀드에 비해 변동성이 훨씬 높은 것이 일반적이다.

　레버리지(차입) 투자는 낮은 이자의 부채를 지렛대 삼아 고수익 투자를 하는 것이다. 상대적으로 낮은 이자비용(금리)으로 자금을 끌어와 수익성 높은 곳에 투자하면 조달 비용을 갚고도 수익을 남길 수 있기 때문이다. 하지만 레버리지 투자는 양날의 칼 같아서 손실이 날 경우에는 손실률도 확대된다.

　레버리지 펀드는 선물 투자를 이용해 주가의 당일 움직임보다 펀드의 수익률이 큰 폭(예: 1.5배, 2배)으로 움직이도록 설계된 펀드이다. 지수가 꾸준히 상승하는 경우에는 이익이 확대될 수 있지만 하락하는 경우에는 손실률 또한 더 크게 확대된다. 투자 금액이 반 토막(50% 손실)이 났을 경우 원금을 회복하려면 두 배(100% 상승)가 되어야 하듯이 레버리지 펀드에서 손실이 크게 발생했을 경우 회복하기가 쉽지 않다. 매일 기준가가 등락을 거듭하다 보면 펀드 가입 시점의 지수를 회복하게 될지라도 투자 기간이 길어질수록 펀드에서는 큰 손실이 발생할 수 있는 점을 유의해야 한다.

　해외펀드의 경우 환매 신청일에 환매 가격이 결정되지 않고 신청일로부터 며칠 지난 후에 환매 가격이 결정됨에 따라 변동성이 높은 펀드는 환매 신청 시 수익 실현을 예상했지만 며칠 사이에 수익률이 큰 폭으로 하락해 손실 상태로 찾게 되는 경우도 발생할 수 있다.

과거의 사건을 살펴보면
미래의 재앙을 피할 수 있다

금융 천재들의 몰락
LTCM (롱 텀 캐피털 매니지먼트) 파산

세계 최고의 금융 두뇌 집단이라는 찬사를 받던 LTCM 파산 사태는 아무리 뛰어난 금융 전문가라 할지라도 금융 시장을 100% 예측할 수는 없기에 자신의 실력을 과신하면 안 된다는 것을 교훈적으로 보여주고 있다.

LTCM은 채권 투자로 명성을 날리던 살로먼 브라더스 (Salomon Brothers) 부사장이자 채권 거래팀장이었던 존 메리웨더(John Meriwether)가 1994년에 설립한 헤지펀드 회사로 채권 단기물과 장기물의 일시적인 금리 차이를 이용해 상대적으로 가격이 싼 채권은 매수하고 비싼 채권을 매도하는 '무위험 거래'임을 내세우며 거액의 자금을 모았고 1997년까지 탁월한 수익률을 자랑했다. 하지만 1998년 대규모의 러시아 채권을 보유하고 있던 상황에서 러시아가 모라토리엄 (moratorium: 국가 권력의 발동에 의하여 일정 기간 금전 채무의 이행을 연장시키는 일)을 선언하자 파산 위기를 맞이했고 구제금융을 통해 수습되었다.

LTCM의 자금 운용역과 파트너는 유명 대학 석박사 출신의 수재들이었는데 1997년 노벨 경제학상 공동 수상자인 마이런 숄즈 (Myron S. Scholes : 블랙-숄즈 옵션가격 결정 모형 개발자)와 로버트 머튼(Robert Merton:블랙-숄즈 공식을 발전시켜 세계 파생상품 시장의 성장에 기여한 공로를 인정받음) 도 포함되어 있었다.

투자의 대가 워런 버핏(Warren Buffett)은 시장의 트렌드를 읽기 위해 매일 5~6시간 이상씩 자료를 보고 공부하며 더 궁금한 사항이 있을 때는 관련된 사람들을 만나 확인한다고 한다. 또한 금융 시장에는 예상하지 못했던 극단적인 사태가 언제든지 올 수 있음을 스스로 상기시키기 위해 본인이 회장으로 있는 버크셔 해서웨이 (Berkshire Hathaway Inc.) 사무실 복도 벽에는 1907년 금융공황 사태와 1929년 대공황 등 월가에 극도의 공포가 지배했던 시기에 대한 뉴욕타임스 기사 액자를 걸어 놓고 있다.

문제없다, 시장에 맡겨라!
1929년 주가 폭락과 대공황

1920년대 미국 사회는 제1차 세계대전 승리 후 전반적으로 낙관적인 분위기 속에 빠져 있었다. 전기 사용이 보편화되고 승용차 사용과 항공 여행객이 증가하는 등 미국인들의 일상생활에 큰 변화가 있었다. 특히 포드와 클라이슬러로 대표되는 자동차 산업 발달과 함께 신용카드 산업이 발전하면서 당장 수중에 현금이 없어도 고가의 물품을 구입할 수 있게 되어 소비문화가 크게 발달하게 되었다.

미국 정부는 1차 세계대전을 치르는데 필요한 막대한 자금을 채권 발행을 통해 조달했는데 일반 대중이 6개월마다 이자를 지급하는 리버티 본드(Liberty bond: 자유 채권)에 투자함으로써 증권 투자의 세계에 처음으로 발을 들여놓게 되었다. 이에 타고난 영업맨이었던 내셔널 씨티은행(National City Bank) 행장 찰스 미첼(Charles Mitchell)은 채권을 사는 사람들이라면 주식도 살 수 있을 것이라는 생각을 하게 되었다. 당시까지만 해도 주식은 소수의 전문가들 사이에서만 거래되던 것이었기에 이는 기존 관념의 틀을 완전히 깨는 것이었다.

내셔널 씨티은행(National City Bank)은 즉시 증권 거래 영업망을 미국 전역으로 확대하기 시작했고 발달된 신기술 덕분에 선상의 미용실에서조차도 뉴욕 증권시장의 실시간 주가를 단 몇 분 차이로 확인할 수 있게 되었다. 온 나라가 주식 투자 열풍에 휩싸이면서 주식은 사기만 하면 오르는 것이 되었다. 언론을 통해 주식 투자 성공 스토리가 널리 공유되며 누구나 주식으로 큰돈을 벌 수 있다는 인식이 확산되었고 차입금에 제한도 없어 너도 나도 무리하게 빚을 내 주식을 샀다. 1920년대 말에는 주식 차입금이 주식 매수대금의 90%에 달하게 되었고 은행 대출의 40%가 주식 관련 대출이었다. 주식시장으로 계속 자금이 유입됨에 따라 주가가 1928년 한 해 동안 50%나 상승할 정도였다.

당시 미국 대통령이었던 캘빈 쿨리지(Calvin Coolidge: 재임기간 1923~1929) 자신도 주식 투자자였기에 투기 광풍에 대해 침묵했고 경기가 좋고 경제가 성장하고 있으니 정부가 시장에 개입할 필요가 없다고 했다. 행정부 사람들과 월가 거물들이 정기적인 만남을 가지며 긴밀하게 연결되어 있었기에 주식 시장은 정부 규제를 거의 받지 않았으며 월가 거물들의 입김에 의해 주요 금융정책이 시행되었다. 공시도 제대로 이루어지지 않고 내부자거래와 주가 조작이 만연했다. 1920년대 미국 주식시장은 전문적인 투기꾼의 조작으로 움직이는 거대한 투기장이었고 순진한 투자자들은 거물들의 농간에 이용당했다.

1929년 3월 새로운 대통령으로 취임한 허버트 후버(Herbert Hoover: 재임기간 1929~1933) 또한 월가의 실상을 알면서도 침묵하며 방관했다. 현 상황을 그대로 놔둘 경우 결국 시장이 붕괴되어 경기 침체로 이어질 것이라는 일부 전문가들의 경고는 철저히 무시되었고 오히려 경제 상황이 안정적이라며 투기 광풍을 잠재울 수 있는 어떠한 조치도 취하지 않았다. 오히려 1929년 5월에서 9월 사이에 60개 회사들이 새롭게 상장되었고 1929년 9월에 접어들면서 시장의 변동성이 크게 확대되었지만 이번에는 다르니 시장의 자정 기능을 믿어야 하며 정부가 개입하면 안 된다는 주장이 지배했다.

드디어 1929년 10월 23일 5년 동안 오르기만 했던 주가가 갑자기 하락세로 전환되었고 주식 매수대금의 대부분이 차입자금이었기에 하락장에서 손실률이 대폭 확대되며 주식시장이 완전히 무너지게 되었다. 주가가 하락하며 차입금 상환을 할 수 없게 되자 은행들도 위험에 빠지게 되었다. 당시는 예금보험제도가 없고 은행 규모도 매우 작았기에 예치된 예금이 안전하다는 확신을 줄 수 없어 예금의 대량 인출 사태로 연결되면서 3천 개가 넘는 은행이 파산하게 되었다. 은행 파산으로 대출이 어려워지면서 기업들이 유동성 위기를 겪게 되고 직원 해고, 수요 감소, 기업 도산, 해고로 이어지는 악순환을 겪게 되었다.

1932년 압도적으로 대통령에 당선된 프랭클린 루스벨트(Franklin Roosevelt: 재임기간 1933~1945)는 시장의 신뢰를 회복하기 위해 금융업이 정부의 강력한 규제를 받도록 하고 예금을 보장하는 등 금융 시스템을 개혁했다. 미국 증권 거래위원회 (SEC:Securities and Exchange Commission)를 설립하여 미국 증권시장에서 이뤄지는 거래를 감시 감독하도록 했는데 초대 의장으로 오랜 지지자이자 친구인 조 케네디(Joe Kennedy)를 임명했다. 미국 35대 대통령 존 F. 케네디(John F. Kennedy)의 아버지이기도 한 조 케네디(Joe Kennedy)는 주가 조작에 직접 참여했던 사람으로서 누구보다도 월가의 비도덕적인 관행을 잘 알고 있는 사람이기도 했다.

상원 은행위원회는 3년여에 걸쳐 월가의 문제를 조사했는데 미 전역으로 주식영업을 확대했던 내쇼날 씨티은행(National City Bank) 행장은 세금을 회피하기 위해 아내에게 주식을 빼돌렸음이 드러났다. 제이피모건(JP Morgan)사는 주식매매 우선권을 부여하는 주요 고객 리스트가 있었는데 주요 고객 중에는 캘빈 쿨리지(Calvin Coolidge)를 포함한 전직 대통령들과 주요 기업 임원들 및 기업 임원 가족들과 친구들까지 포함되어 있었다.

통계적 확률만을 믿다
서브프라임 모기지 와 AIG

1990년대 후반 아시아와 러시아가 금융 위기를 겪게 되면서 자금이 미국으로 몰렸고 이에 미국 은행들은 갑자기 늘어난 자금을 운용하기 위한 방안으로 주택자금 대출 조건을 완화하게 되었다. 이에 따라 신용도가 낮은 일반 서민들도 서브프라임 모기지로 불리는 주택자금 대출을 받아 집을 살 수 있게 되었는데 대출 초기에는 시장 금리가 낮았으므로 상환 부담도 크지 않았다.

은행들은 더 많은 대출을 실행하기 위한 자금 마련을 위해 대출 채권을 매각했다. 대출채권들을 CDO (Collateralized Debt Obligation: 부채 담보부 증권)로 불리는 채권으로 만들어 연기금, 보험회사 및 다른 은행들에게 팔았다. 서브프라임 모기지는 그 자체로는 위험도가 높아서 연기금에서 투자할 수 없었지만 미국의 최대 보험사인 AIG의 런던 사무소에서 CDO(부채 담보부 증권) 관련 보험 즉 CDS(Credit Default Swap:신용부도스와프)를 개발함으로써 가능하게 되었다. 즉 신용도가 낮은 CDO(부채 담보부 증권)와 대형 우량 보험사의 신용도를 교환하는 셈이었는데 고객들은 AIG가 보증하기 때문에 안심하고 CDO(부채 담보부 증권)를 매입할 수 있었다.

보험 회사가 보증을 하려면 만일의 경우에 대비해 그에 상응하는 자산을 확보해야 하지만 AIG는 주택 시장이 붕괴되지 않을 것이라는 통계적 확률에만 의지했다. 금리가 상승하며 모기지 상환에 문제가 생기고 CDO(부채 담보부 증권)에 문제가 발생하기 시작했지만 은행과 연기금들은 CDS(신용부도스와프)를 믿고 그다지 신경 쓰지 않았다. 하지만 CDO(부채 담보부 증권)에 대해 과도한 보증을 했던 AIG는 자금이 고갈되면서 급속도로 사태가 악화되어 2008년 9월 15일에는 거의 파산 지경에 이르게 되었다.

결국 정부가 AIG 지분의 80%를 인수하며 수장을 교체했다. 새로운 경영진은 월급은 단 1달러에 AIG의 복잡한 금융구조를 해결하는 책임을 부여받았고 문제 해결에 대한 보상으로 1억 6,500만 달러의 보너스를 받을 수 있었다. 2009년 3월 기준 AIG에 총 1,820억 달러의 공적자금이 투입되었고 인원은 2008년 대비 절반 이상이 감축되었지만 AIG는 경영상태가 정상화되었다. 이에 따라 연방 준비 위원회(Federal Reserve)는 2012년 AIG 지분을 매각하여 220억 달러에 달하는 이득을 취할 수 있었다. 사실 당초에는 연방 준비 위원회가 공적자금 투입을 안할 방침이었지만 2008년 9월 15일, 리먼 브라더스(Lehman Brothers)가 파산하면서 기존 입장을 바꾼 것이었다.

서브 프라임 모기지 사태의 주범이었던 2004~2007년 사이 발행된 서브 프라임 AAA 등급 채권의 실제 손실률은 2011년 2

월 기준 0.17%에 불과했던 것으로 나타났다. 하지만 어느 것이 부실화될 줄 모르는 상황이었기에 금융시장이 공포에 휩싸였던 것이었다. 서브 프라임 AAA 등급 채권은 담보 비율 100%를 인정받았었는데 부실화 우려가 제기되면서 담보비율이 55%까지 급락하게 되었다. 이에 따라 자금조달 연결고리에 차질이 발생했고 부채 조달 비율이 월등히 높았던 리먼 브라더스(Lehman Brothers)가 직격탄을 맞은 것이었다. 당시 금융기관들이 유동성 확보를 위해 상대적으로 매각이 용이한 AAA 등급 채권을 투매함에 따라 AAA 등급 채권의 위험 이자율이 AA 등급 채권의 위험 이자율보다 더 높게 나타날 정도였다.

수익에 가려져 있던 위험이 드러나다
리먼 브라더스(Lehman Brothers) 파산

1850년 설립되어 150년 이상의 역사를 가진 글로벌 투자은행(IB) 리먼 브라더스(Lehman Brothers)의 파산은 2008년 글로벌 금융위기의 방아쇠를 당긴 사건이었다. 당시 리먼 브라더스(Lehman Brothers)의 부채 규모는 6,130억 달러로 미국 역사상 최대 규모의 파산이었으며 경제규모 세계 17 위 터키의 한해 국내 총생산(GDP)과 맞먹는 규모였는데 과도한 차입 투자가 파산의 원인으로 지목되었다.

리먼 브라더스(Lehman Brothers) 파산의 중심에는 1969년 말단 직원으로 출발하여 고속 승진을 거듭해 1994년에 최고경영자가 된 후 2008년까지 재임하는 동안　제왕적인 권력을 행사한 딕 폴(Dick Fuld)이 있었다. 딕 폴(Dick Fuld)이 CEO로 취임하기 전 1993년 리먼 브라더스(Lehman Brothers)는 연간 순손실이 1억　2백만 달러에 달했으나 그가 최고경영자로 취임한 후로는 14년간 순이익 행진을 이어갔다. 그러나 급격한 성장을 이끌었던 과도한 차입 투자가 결국은 회사를 파산으로 이끌게 되었다. 딕 폴(Dick Fuld)은 월가에서 공격적이고 수치를 모르는 최악의 CEO로 정평이 나 있었다. 심지어 장부 조작 의혹까지 제기되었지만 화려한 실적으로 모든 것을 덮을 수 있었고 2006년에는 기관 투자가 잡지(Institutional Investor Magazine)가 선정한 자산 관리 분야 최우수 CEO에 선정되기까지 했다. 리먼 브라더스(Lehman Brothers)에 40년간 재임하는 동안 그의 소득은 5억 달러(한화 6천억 원 상당)에 달했으며,　2006~2007년에만 7천4백만 달러(한화 약 900억 원)였다. 하지만 리먼 브라더스(Lehman Brothers)는 2007년 42억 달러(한화 약 5조 원)에 달하는 기록적인 순익을 기록한 후 2008년에 파산하게 되었다. 리먼 브라더스(Lehman Brothers) 파산으로 인해　2만 6천여 명에 달하는 직원들이 하루아침에 일자리를 잃었고 수많은 주주들이 투자금을 날렸으며 더불어 세계경제에 엄청난 타격을 입혔다.

레이 달리오(Ray Dalio)의 경제 특강

레이 달리오(Ray Dalio, 1949년 생)는 1975년 자신의 아파트에서 투자회사인 브리지워터 어소시에이트(Bridgewater Associates)를 설립하여 세계 최대 헤지펀드사로 성장시킨 이 시대 최고의 투자자 중 한 명이다. 그는 2008년 세계 금융위기를 예측하기도 했는데 그의 투자 철학 및 전략, 경제를 보는 안목 등을 여러 경로로 일반 대중들과 공유하고 있다. 다음은 그가 유튜브 동영상으로 공유하고 있는 "경제는 어떻게 움직이는가(How the economic machine works)의 주요 내용이다.

경제는 단순한 기계처럼 작동한다

경제는 복잡한 것 같지만 단순한 기계처럼 작동하기에 몇 가지 원리만 이해하면 시장의 큰 흐름을 파악할 수 있다. 생산성 증가, 단기부채 사이클, 장기부채 사이클은 인간 본성과 연결이 되어 있으며 이들의 변동 상황을 이해하면 경제가 보인다.

시장은 거래를 이행하는 판매자와 구매자로 구성되어 있고 모든 시장에서 발생하는 거래들의 총합이 경제이다. 시장 참여자 중 정부와 중앙은행은 가장 중요한 역할을 하는데 정부는 세금을 징수하고 지출을 이행하며 중앙은행은 화폐 발행과 금리 조정을 통해 통화량과 신용(대출)을 조절함으로써 신용(대출) 흐름과 관련하여 가장 중요한 역할을 한다.

만일 가게에서 5달러의 물건을 외상으로 구입한다고 가정하면 가게 주인에게는 자산 5달러, 구매자에게는 부채 5달러가 발생한다. 즉, 신용이 발생한 것이며 외상값을 갚게 되면 신용이 사라진다. 흔히 돈이라고 생각하는 것이 사실은 신용이며 신용 거래가 현금 거래보다 월등히(미국의 경우 20배 가까이 됨) 많다.

신용은 경제의 가장 큰 비중을 차지하고 변동성이 크기 때문에 경제를 이해하는 데 매우 중요하다. 부채는 대여자에게는 자산이며 차입자에게는 부채이고 금리가 낮으면 신용이 증가하고 금리가 높으면 신용이 감소한다. 어느 한 사람의 지출은 다른 사람에게는 수입이 되기에 지출은 경제를 움직이는 원동력이다. 신용에 의해 지출 능력이 증가될 수 있고 소득이 증가하면 신용 여력이 증가하며 이에 따라 지출 능력도 증가되어 다른 사람의 소득과 연결된다. 이러한 자기 강화 패턴을 통해 경제가 성장하며 이는 사이클(순환 주기)이 발생하게 되는 원인이다.

단기적으로는 생산성 향상보다는 신용(대출) 증가가 삶의 질 향상에 더 큰 영향을 준다

　단기적 측면에서 보면 삶의 질을 높이기 위해서는 소득 증가를 가져올 수 있는 생산성 향상이 필요하다는 것이 반드시 맞는 것만은 아니다. 장기적 측면에서는 생산성이 가장 중요하지만 단기적 측면에서는 신용이 가장 중요하다. 생산성 향상은 변화가 빠르지 않아 경기 변동에 큰 영향을 주기 어려운 반면 신용(부채)은 경기 변동에 더 큰 영향을 준다. 이는 신용(부채)을 통해 소득보다 더 많은 지출을 할 수 있고 부채 상환 부담으로 인해 지출이 축소될 수 있기 때문이다. 대부분의 사람들이 잘 느끼지 못할 수 있지만 부채는 크게 두 종류의 변동 주기로 나타나는데 하나는 5~8년 주기이고 또 하나는 75~100년 주기이다.

　그간의 경험을 돌이켜보면 단기 경기변동은 혁신이나 생산성 증가보다는 신용(대출)의 변화가 원인이었다. 만일 신용이 없다면 지출을 증가시키기 위해서는 생산성을 향상시키거나 더 열심히 일해서 소득을 올려야 하며 경제 성장은 생산성 증가를 통해서만 가능할 것이다. 하지만 차입을 통해서 사이클이 발생할 수 있으며, 차입 행위는 법과 규정보다는 인간의 본성과 더 관련이 있다.

　만일 개인이 현재 소득으로 살 수 없는 것을 신용으로 구매했다면 미래의 자신으로부터 빌려온 것이나 마찬가지이다. 즉, 신용구매한 대금을 갚기 위해 미래의 지출이 영향을 받게 되며 이는 개인 차원에서 일종의 사이클(순환 주기)이 생성된 것이고 경제 사이클도 이와 같은 양상으로 작동된다.

　차입을 활용해 소득 이상으로 지출할 수 있고 지출은 다른 사람의 소득이 되기 때문에 단기적 측면에서는 생산성 향상보다 신용 사용을 통해 소득이 더 증가될 수 있다. 상환 능력을 초과하는 과도한 부채는 문제가 될 수 있지만 부채를 적절하게 사용하여 투자를 이행할 수 있고 자원을 보다 효율적으로 배분함으로써 생산성과 소득 증가 및 삶의 질을 향상시킬 수 있다.

　현금만 사용하는 것보다 신용카드 사용을 병행하면 더 많은 지출을 할 수 있고 즉 이는 현금만 사용하는 것보다 다른 사람의 수입을 더 증가시킬 수 있다는 것을 의미한다. 하지만 신용카드 사용 금액은 결국 상환해야 함에 따라 단기부채 사이클이 형성되는 것이다. 경제 활동이 증가하면 경기가 확장되는데 이는 단기 부채 사이클의 첫 번째 단계로 소비지출이 증가하고 물가가 상승하기 시작한다. 이는 소비지출의 증가가 신용에 의해 더 빨리 증가할 수 있기 때문이다. 재화의 생산보다 소비지출과 소득이 더 빨리 증가하면 이는 물가 상승으로 이어지는데 이를 인플레이션이라고 부른다. 지나친 인플레이션은 많은 문제를 야기할 수 있기 때문에 중앙은행은 금리 인상으로 대응하며 금리가 인상되면 이자비용이 상승함에 따라 신용이 감소하게 된다.

이자 비용이 상승하면 신규 부채가 감소하고 기존 부채를 빨리 상환하게 된다. 즉 신용이 감소함에 따라 소비지출이 감소하고 이는 곧 소득 감소, 소비지출 감소, 물가하락으로 연결된다. 소비지출이 감소하고 물가도 하락하는 현상을 디플레이션이라고 부른다. 경제 활동이 감소하면서 경기 침체 상태가 심각해지면 인플레이션은 더 이상 문제가 되지 않고 중앙은행은 다시 경제를 살리기 위해 금리를 인하하게 된다. 금리가 낮아지면 부채 상환이 감소하고 신규 차입과 소비지출이 증가하면서 또다시 경기가 확장된다.

자산가격 상승과 거품 붕괴

단기부채 사이클에서 소비지출은 대출 공급자와 수요자의 성향에 따라 영향을 받기 때문에 대출이 용이하면 경기 확장이 발생한다. 중앙은행이 통제하는 단기 대출 주기는 통상 5~8년간 지속되는데 지난 수십 년 동안 수없이 반복되어 왔다. 다만 인간 본성과 연관되어 있어 차입과 소비지출이 계속 증가하고 각 단기

사이클 상 최저점과 최고점의 성장률과 부채가 이전 사이클에 비해 증가되었다. 이러한 특성으로 인해 소득보다 부채가 더 증하면서 장기 부채 사이클이 형성된다.

소득이 증가하고 자산 가격이 상승하면 대출기관들은 낙관적인 전망을 하게 되고 대출을 적극적으로 확대한다. 주가가 치솟고 호황을 맞이하면 대출을 받아 재화, 서비스 및 금융자산들을 구입하게 되고 너도 나도 이러한 행렬에 동참하게 되는 상황이 되면서 거품이 발생하는 것이다. 자산 가격이 계속 상승하게 되면 사람들은 자금을 대규모로 차입하여 투자 목적으로 자산을 매입하게 된다. 막대한 부채에도 불구하고 소득이 증가하고 자산 가치가 상승하면 한동안은 신용이 좋은 상태를 유지할 수 있다. 하지만 그런 상태가 언제까지나 지속될 수는 없기에 장기간 계속 증가해 온 부채로 인해 상환 금액이 점점 증가하다가 어떤 지점에 이르면 소득보다 대출 상환액이 더 빠르게 증가하고 그렇게 되면 소비지출을 줄일 수밖에 없다. 부채 상환 증가로 인해 소비지출이 감소하면 소득 감소로 이어지고 이는 신용 능력 저하 및 차입 감소로 이어진다. 대출 상환이 계속 증가하면서 소비지출이 더욱 감소하고 사이클이 역전되는 장기부채 최고점까지 가게 된다. 2008년에 미국과 유럽을 비롯한 세계 각국에서 이러한 상황이 발생했으며 1989년 일본과 1929년 미국에서도 똑같은 상황이 발생했다.

경제 공황은 왜 발생하는가

부채를 축소시키는 과정에서는 소비지출 감소가 소득 감소로 이어지고 신용이 급격히 축소되며 자산 가격이 하락한다. 은행은 대출을 옥죄고 주가가 폭락하며 사회적 긴장감이 높아지면서 '각자 도생'상태가 된다. 소득이 감소하고 부채 상환이 증가하며 차입자들은 자금 압박을 받게 된다. 신용 상태가 나빠지고 신규 대출이 어려워지면 기존 대출금 부담을 감당할 수 없게 된다. 이런 상황이 되면 자산 매각까지 가는 경우가 많아져 시장에 매물이 넘쳐나게 된다. 주가가 폭락하고 부동산 가격이 내려앉으면 은행도 어려움에 처하게 된다. 자산 가격이 하락하면 담보자산 가치도 하락하여 차입자들의 신용도가 더 낮아진다. 시장에서 신용이 급격히 사라지면서 소비지출 감소와 소득 감소로 이어지고 부가 축소되며 신용도가 하락하고 차입이 감소하는 악순환이 지속된다. 이는 경기 침체기 상황과 비슷하지만 금리가 이미 낮아진 상태여서 경제를 살리기 위한 금리 인하 조치를 더 이상 할 수 없다는 점이 다르다.

경기 침체기에는 금리를 내리면 대출이 활성화될 수 있지만 탈부채화 과정에서는 금리가 거의 제로 상태에 근접해 있어서 금리 인하 도구를 쓸 수 없는데 미국의 1930년대 탈 부채화 기간에도 금리가 거의 0 %였다. 탈 부채화 시기에는 채무자들의 부채 부담이 너무 과도하여 금리 인하만으로는 해결이 안 된다. 담보 가치도 하락하고 채무자가 상환 능력을 상실한 상태여서 채권자 입장에서는 대출금의 전액 회수가 불가능함을 알게 된다.

탈 부채화 과정에서는 대출기관과 채무자 모두 대출로 휘청거리는 상황이 되는데 이에 따라 개인, 기업, 정부 모두 지출을 줄이게 된다. 부도나 채무 조정을 통해 부채 규모가 감소하게 되고 부유층에서 빈곤층으로 부가 이전되며 중앙정부가 화폐 발행을 늘리게 되는데 지금까지는 탈 부채화 과정에서 이러한 일이 모두 발생했다.

개인, 기업, 은행과 심지어 정부까지도 대출을 상환하기 위해 지출을 축소시키는 긴축 상태에 돌입하게 된다. 차입자가 대출을 더 이상 받지 않고 기존 대출 규모를 줄여나가기 시작했다면 부채 부담이 감소할 것으로 기대하지만 정 반대 현상이 나타난다. 한쪽의 지출은 다른 한쪽의 수입이 됨에 따라 전반적인 소득이 감소하게 되며 부채 상환보다 소득 감소의 속도가 더 빨라지게 되면 상황이 더욱 악화된다. 소비지출 축소는 고통스러운 디플레이션 상황이 될 수 있는데 기업들이 비용 감축을 위해 경비를 축소한다는 것은 곧 고용 인원 감축과 실업 증가로 이어지는 것을 의미한다.

부채를 축소해야 하지만 채무자들은 부채를 상환할 수 없고 은행 자산이 부실화되면서 파산 위험이 높아진다. 그러면 예금자들의 예금 인출 사태가 발생할 수 있고 개인, 기업, 은행들 모두 파산에 이를 경우 심각한 경기 축소 상태 즉 경제공황 상태가 되는 것이다.

공황의 큰 특징은 사람들이 존재한다고 생각했던 부가 더 이상 존재하지 않는다는 것을 자각하게 되는 것이다. 대출자 입장에서는 그들의 자산이 완전히 사라지는 것을 원치 않기에 채권 재조정에 동의하게 된다. 아예 하나도 못 받는 것에 비해 얼마라도 회수할 수 있는 게 낫기 때문에 대출 원금을 차감해 주거나 상환 기간을 연장해 주거나 이자율을 낮춰주는 방식 등을 사용하게 된다.

정부 지출 확대와 세금 인상

지출 축소 효과가 있는 부채 감축은 고통스럽고 통화량이 수축된다. 소득과 고용이 감소함에 따라 세수도 감소하게 되며 실업이 증가하면 정부의 재정 지원 자금 수요가 증가한다. 더불어 부양책을 만들어내고 경제를 살리기 위해 정부 지출을 늘리게 되며 세수보다 지출이 더 커짐으로 인한 정부의 재정 적자가 탈 부채화를 더 어렵게 한다. 정부는 재정 적자를 메꾸기 위해 세금을 올리거나 국채를 발행한다. 하지만 소득이 감소하고 실업자가 늘어나게 되면 결국은 소수의 부자들을 대상으로 자연스럽게 세금을 올리게 되어 부의 재 분배가 이루어지게 된다.

가난한 사람들은 부자들에 대해 적대감을 갖기 시작하게 되며 자산 가치가 하락하는 상황에서 세 부담까지 높아짐에 따라 부자들도 가난한 사람들을 적대시하게 된다. 만일 침체 상태가 계속되면 사회적으로 무질서한 상황이 발생할 수 있는데 국내적으로뿐만 아니라 채권국과 채무국 간에도 발생할 수 있다. 이러한 상황은 정치적 변화를 가져올 수 있고 때로는 극단적 상황이 될 수도 있는데 1930년대에 히틀러가 집권하고 미국에서 공황이 발생한 이유이다. 공황 상태를 종식시킬 수 있는 조치가 더욱 필요해지는데 신용이 사라지고 이자율도 거의 제로인 상태에서 자금 수요에 대응할 수 있는 방법은 중앙은행이 화폐를 추가로 발행하는 것이다.

통화량 추가 공급

지출을 축소하고 부채를 감축하고 부를 재분배하는 것과는 달리 통화를 추가로 발행하는 것은 자극적이며 물가 상승을 불러올 수 있다. 중앙은행이 불가피하게 통화를 추가로 발행해서 금융자산과 국채를 매입하는 것인데 미국의 대 공황 시절에도 그러했다. 2008년에는 미국이 2조 달러에 달하는 통화를 추가로 발행했으며 다른 여러 나라들도 통화를 추가로 공급했다. 추가 공급된 통화로 금융자산을 매입함으로써 자산 가격이 상승하면 사람들의 신용도가 증가하게 된다. 하지만 중앙은행은 오로지 금융자산만 매입할 수 있기 때문에 이는 오로지 금융자산을 보유한 사람들에 한정된다. 반면 중앙정부는 재화와 서비스를 구매할 수 있고 국민들에게 지원금을 지급할 수도 있지만 화폐를 발행할 수는 없다.

그러하기에 경제를 활성화시키기 위해서는 중앙은행과 정부가 협력해야 한다. 중앙은행이 국채를 매입하는 식으로 중앙정부에 자금을 대여함으로써 경기부양 프로그램과 실업급여 등을 통해 재화와 서비스에 대한 지출을 지원한다. 이는 정부의 부채를 증가시키지만 국민의 소득을 증가시킴으로써 경제 전체의 총 부채 부담을 낮춰준다.

삶의 질 향상을 위해서는 생산성 향상이 가장 중요

탈 부채화로 어려운 상황이 될 수 있지만 어려운 상황을 가장 가능한 최선의 방법으로 다룬다는 것은 아름다운 일이다. 정책을 이행함에 있어 부채 부담을 감소시키는 네 가지 방법 즉 지출 축소, 부채 감축, 부의 이전, 통화 공급을 균형 있게 이행해야 한다. 안정성을 유지하기 위해서는 물가하락 방법과 물가상승 방법이 균형을 맞춰야 하며 그래야 탈 부채화가 잘 이루어질 수 있다. 탈 부채화가 잘 이루어진다면 소득과 연관되어 부채가 감소하고 경제가 실제로 성장하기에 인플레이션이 문제 되지 않는다.

통화 추가 공급은 인플레이션을 야기할 수 있다는 의문을 가질 수 있지만 신용 감소를 상쇄할 경우 그렇지 않다. 중요한 것은 지출이며 추가적인 통화 공급을 통해 신용 감소를 보완할 수 있다. 중앙은행은 소득 증가에 대한 지원뿐만 아니라 기존 부채에 대한 이자율보다 소득 증가율이 높아지도록 지원할 필요가 있다. 즉, 부채보다 소득이 더 빨리 증가해야 하기에 이자율보다 소득 증가율이 높아지도록 통화를 충분히 공급할 필요가 있다. 통화의 추가 공급은 방법이 쉽고 국민들도 다른 방법보다 더 선호하기에 자칫 남발되기 쉬운데 통화 공급이 과도할 경우 지나친 인플레이션을 불러올 수 있다.

성장률이 낮지만 부채 부담이 감소하면 탈 부채화가 잘 이루어지고 있는 것이다. 소득이 증가하기 시작하면 차입자들의 신용도도 더 좋아지게 된다. 차입자들의 신용도가 더 좋아지게 되면 다시 대출을 얻을 수 있고 대출 부담이 마침내 하락할 수 있다. 차입 능력이 증가하면 지출 또한 증가할 수 있게 되며 궁극적으로 경제가 다시 성장하기 시작하면서 장기부채 사이클 중 경기 침체를 벗어나게 되는 상황이 되는 것이다.

탈 부채화 과정이 잘못 이행될 경우 끔찍할 수 있지만 잘만 이행되면 결국은 문제가 해결되는 것이다. 부채 부담이 감소하고 경제 활동이 정상화되기까지는 통상 10년 이상이 걸리기에 '잃어 버린 10년'이라는 말이 생기는 것이다.

결론적으로 기억해야 할 가장 중요한 사항은 소득보다 부채가 빨리 증가하면 안되며 생산성보다 소득이 더 빨리 증가하게 되면 경쟁력을 상실하게 되므로 삶의 질 향상을 위해서는 생산성 향상을 위해 최선을 다해야 한다는 것이다.

참고 도서 및 자료

벤저민 그레이엄, '현명한 투자자', 2007, 국일증권 경제연구소

앤서니 볼턴, '투자의 전설 앤서니 볼턴', 2009, 부크홀릭

엠제이 드마코, '부의 추월차선', 2013, 토트

Karin Sprow Forte/Edward W. Taylor/Elizabeth J. Tisdell, 'Financial Literacy and Adult Education', 2014, Wiley

John C. Bogle, 'Common sense on mutual fund', 2010, Wiley

Daniel R. Solin, 'The smartest investment book you'll ever read', 2006, Penguin

Gary Belsky & Thomas Gilovich, 'Why smart people make big money mistakes', 2009, Simon & Schuster

Roger Lowenstein, 'When Genius Failed: The Rise and Fall of Long-Term Capital Management' ,2001, Random House

'The untold story of the 2008 financial crisis', HBO

'The Financial crisis: What happened?', Emory University

'1929 Stock market crash and the great depression' ,TradingcoachUK

'Melt down', TradingcoachUK

'How the economic machine works by Ray Dalio', Principles by Ray Dalio

인 생 자 산

초판 1쇄 인쇄 2020년 8 월 17일
초판 1쇄 발행 2020년 8 월 20일

저 자 이 연정
디자인 한 송연
발행인 이 연정
발행처 도서출판 봄비
인 쇄 새한문화사

정 가 15,000 원
등록일 2019년 8월 9일
출판등록 제 2019- 000138호
팩 스 0504-162-2203

블로그 https://blog.naver.com/bombeebooks
이메일 bombeebooks@naver.com
ISBN 9791196794927